张幼仪1924年摄于德国。她说，女士上街总是戴帽，否则有被误认为用人之嫌。

张幼仪母亲以端庄姿态留影。　　张幼仪父亲是位受人敬重、治家严格的医生。

张幼仪与兄弟姐妹于1927年齐聚上海参加双亲丧礼。左半左起坐者依次为大姐、四妹、张幼仪,立者为三妹及两位嫂子;右半左起坐者依次为大哥、二哥、八弟、五哥、三哥,立者为七弟、四哥及六哥。

张幼仪与徐志摩1921年在欧洲拍摄的第一张合影,影中人穿着入时。翌年二人便告离异。

左起依次为张幼仪的大姐夫、裹着小脚的大姐,以及张幼仪的公婆。当时四人结伴游杭州。大姐与张幼仪的公婆过从甚密,二老因此曾说:但愿大姐嫁给了他们的儿子徐志摩。

张幼仪的二哥张君劢与徐志摩,虽然拍摄时间不详,但张幼仪相信,二哥并不认为在他们离婚后与徐志摩合影有任何不妥。

张幼仪身穿黑色旗袍于上海拍下这张肖像（约1937年），时任上海女子商业储蓄银行副总裁。

左起依次为张君劢、刘文岛夫人、怀孕的张幼仪和刘文岛。刘氏夫妇时为巴黎大学学生，在徐志摩抛弃张幼仪后，好心收留了怀有身孕的她。

张幼仪在柏林唯一的朋友朵拉对彼得疼爱有加，彼得死后，将其遗像悬于案前。

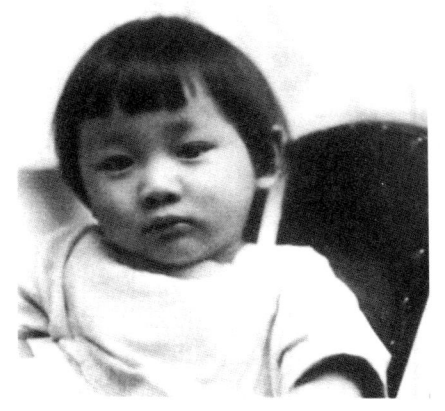

两岁的彼得。摄于夭折（1925年）前一年。他生长于柏林，死前只见过父亲一面。

张幼仪自德国返回中国后不久，与母亲、姐妹合影。她那身西服和条纹帽，与披挂传统服饰的姐妹们形成强烈对比。

张幼仪的八弟张嘉铸,即本书作者张邦梅的祖父,盛装参加徐志摩与陆小曼的婚礼。他热爱徐志摩,甚至于要别人在他丧礼中朗诵一首徐志摩的诗。

十八岁的张幼仪搂着长子徐积锴。徐家人以他为傲。

徐积锴(乳名阿欢)与祖母。摄于硖石镇家门口。

张幼仪与青少年时期的徐积锴。1926年自德国返乡后,她便独力抚养儿子。

张嘉铸(中立者)于1945年访美时,与二哥张君劢、四哥张公权合影。最终,他们于南加利福尼亚定居。

孙儿绕膝的张幼仪。摄于上海海格路家中。左起依次为玛格丽特、安琪拉、凡恩、冬妮。

张邦梅与家人。1991年秋摄于美国康涅狄格州哈姆登市。坐在哥哥腿上的是家中爱犬"桂林",名字取自濒临漓江、以山水著称的广西名城。

1986年圣诞节,张幼仪与张邦梅。摄于张幼仪在纽约的寓所。

安之如仪

张幼仪回忆录

张幼仪 口述
张邦梅 著
谭家瑜 译

中信出版集团｜北京

图书在版编目（CIP）数据

安之如仪：张幼仪回忆录 / 张幼仪口述；（美）张邦梅著；谭家瑜译. -- 北京：中信出版社，2023.6（2023.11重印）
书名原文：Bound Feet & Western Dress: A Memoir
ISBN 978-7-5217-5627-2

Ⅰ.①安… Ⅱ.①张… ②张… ③谭… Ⅲ.①张幼仪—回忆录 Ⅳ.① K828.5

中国国家版本馆CIP数据核字（2023）第078691号

Bound Feet & Western Dress: A Memoir
Copyright © 1996 by Pang-Mei Natasha Chang
This translation published by arrangement with Doubleday, an imprint of The Knopf Doubleday Publishing Group, a division of Random House, Inc.
Simplified Chinese translation copyright © 2023 by CITIC Press Corporation
ALL RIGHTS RESERVED
本书中文译稿由智库股份有限公司授权使用
本书仅限中国大陆地区发行销售

安之如仪——张幼仪回忆录
口述者： 张幼仪
著者： ［美］张邦梅
译者： 谭家瑜
出版发行：中信出版集团股份有限公司
（北京市朝阳区东三环北路27号嘉铭中心 邮编 100020）
承印者： 北京通州皇家印刷厂

开本：880mm×1230mm 1/32 印张：8 字数：160千字
版次：2023年6月第1版 印次：2023年11月第2次印刷
京权图字：01-2017-1511 书号：ISBN 978-7-5217-5627-2
定价：49.00元

版权所有·侵权必究
如有印刷、装订问题，本公司负责调换。
服务热线：400-600-8099
投稿邮箱：author@citicpub.com

人的一生，唯有成长

目录

楔子
·001·

第一章
一文不值
·007·

第二章
三寸金莲
·017·

第三章
福禄寿喜
·027·

第四章
嘉国邦明
·039·

第五章
女子的教育
·051·

第六章
腊雪寒梅
·063·

第七章
不三不四
·083·

第八章
如君之意
·097·

第九章
小脚与西服
·113·

第十章
贤贤妻子
·133·

第十一章
诗人哟！
·153·

第十二章
感伤之旅
·169·

第十三章
尴尬地位
·185·

第十四章
尾声
·203·

后记
·221·

附录
·225·

简体中文版编后记
·229·

楔子

　　那口从中国带来的雕花桃花心木箱，依然立在爸妈家的客厅里。爸妈家在康涅狄格州，那所房子是我长大的地方。箱子又黑又亮，上头刻的一只虎爪紧抓地面，在摆着由埃姆斯和勒·柯布西耶设计的家具的客厅一角，对我频送秋波。我走向箱子，把玩箱上繁复的铜件，再阖上厚重的盖子。箱里什么都有：中国的秘闻，樟脑的气息，以及在另一个时间地点穿着的衣物，其中有奶奶的绣花丝袍、爷爷的无尾晚礼服、白色晚宴外套和马裤，阿嬷①许妈针脚可爱的围裙，妈夏天到香港买的几件修身高领开衩旗袍。我迅速翻弄这些衣服，对它们如数家珍。我不假思索地将它们折了又叠，这是从小做惯的事。爸教过我怎么折旗袍，折时要注意领子，那是旗袍最重要的部分。我还记得自己曾因爸这么

---
① 即奶奶。——译者注

懂女人的衣服而感到尴尬，但他告诉我，那是小时候从他母亲那儿学来的。

此刻，我发现了我要找的东西，是一件黑旗袍，姑婆张幼仪——晚年的她是我的明镜与良师——开的云裳服装公司里曾卖过的那种款式。从小，我就拥有这件衣裳，有一天，它从爷爷奶奶自上海带来的家当里冒出来。虽然衣服上没贴标签，但一天午后，我们在家中的箱子里翻翻寻寻时，幼仪一眼就认出了它。"这是我店里来的。"她说。那高兴的口气，仿佛遇见了老友。打从那天起，我就把这衣服当作幼仪的，而且毫不犹豫地接受它的存在，就像接受她晚年对我的馈赠一样。是这件衣服把我们牢牢系在一块儿，载着我们跨越了岁岁年年。

家里大部分亲戚，我似乎生下来就认得，但认识幼仪姑婆的情况却不一样。我清楚记得初见面的情景。那是1974年，当时我九岁，我们张家人一如往常，在四姑婆位于中央公园西路（Central Park West）的公寓聚首。四姑婆自1954年移民纽约后，一直是位成功的服装设计师。她穿着剪裁考究的旗袍，头发用假髻绾得高高的，脸上抹得苍白，还搽了鲜红的唇膏。

我最怕到她家聚会。她老是把哥哥、姐姐和我叫到房间，问我们为什么没变胖些、瘦些、聪明些，或是手脚怎么没变麻利些，嘴巴没变甜些；当我们回答得结结巴巴时，她就用上海话笑我们。在四姑婆面前，谁都不许戴眼镜，连妈也包括在内，她受不了别人这副丑样子。

初遇幼仪那晚,我和家人一起被引进四姑婆的客厅,一眼就注意到有位戴副大眼镜的陌生人坐在四姑婆坐的双人椅另一头。她仪态端庄,没有架子,和雍容华贵的四姑婆似乎截然不同。我很诧异这陌生客竟被允许不摘眼镜。

爸向我们几个孩子宣布:"这是你们的二姑婆,也就是张家二姐,刚从香港到这儿。"

我羞怯地靠近幼仪,在郑重与她握手之时,目光穿透那副眼镜,直入她的双眸。眸中闪着熟识的光芒,好像她自某个遥远的地方就将我铭记在心似的。我记得自己当时立刻有种可以信赖这位女士的感觉。

她住在曼哈顿北部东区的一所公寓里,第二任丈夫过世后,才从香港搬来。张家人给她起了个诨名叫"亲伯伯",显然是调侃她有几分男子气。我注视着她的短发和深色裤装,喜欢从她身上传出的信息:我讨厌裙装,过去人家老喊我"野丫头"。虽然爸妈从未提起,但我从同辈堂亲和姑姑们那儿听过她离婚的暧昧传言,他们用一种暗示着丢脸、可悲的口吻,谈论她离婚的事。我直视她的脸,想要搜寻"丢脸"或"可悲"的信息,却只看到平静和智慧。初次相见的那晚,我并没有和她说上几句话。虽然我经常在后来的家族聚会中看到她,但直到五年以后,才开始与她交谈。

1979 或 1980 年的夏天,爸打电话给幼仪,邀她来康涅狄格小住数日。他俩显然在之前的一次家族聚会上讨论过这趟远行的可能性。1940年出生的爸，从孩提时代就和幼仪很熟，那时爸家住上海，转角就是幼仪家。1949年以后，爸和家人便辗转到香港、东京、巴西圣保罗，然后到美国。幼仪也在同年离开中国内地，前往香港，在那儿认识第二任丈夫，一直住到他去世之后。

初访康州的幼仪带来了粽子的食谱和制作材料，妈和我在幼仪监督之下，把肉馅和糯米准备好，然后将大片竹叶放在水里泡软待用。第一个粽子包出来以后，幼仪宣布我们的努力成功了。此后每年夏天，幼仪都会带份新的食谱来，有一年是饺子，还有一年是虾酱。她会在我们准备做菜时仔细监工，然后给我们的成品打分。我喜欢她那种从容不迫、细心周密的方法。我们煮东西时，她就夹杂着英语和中文告诉我中美与古今之别。我在家是讲英语长大的，读高中时才开始学中文。幼仪与我交谈时，从来不讥责我太美国化，或是用我不可能了解她所说的中国的口气。张家这边的亲戚中，没有人是以这样轻松的态度和我说话的，连我自己的爸和爷爷奶奶都一样。

当时处于青少年时期的我，正陷入强烈的认同危机。身为张家第一代在美国出生的人，我徘徊于两种文化之间，却不知如何取舍。身为华裔美国人的我，渴望拥有可以让自己认同的国家，想要追求一个和自己的过去毫不相干的未来。我热切盼望了解自己的出身，却又对自己的传承感到羞愧。

1983年，我开始在哈佛大学就读，由于东亚研究系声誉卓著，便选为主修科系。本想借此达到了解中国的目的，却因为要系统分析中国的政治和文化传统而产生困惑。令人气馁的是，我所学的东西并未引起我的共鸣，而主修其他学科的同学却暗示我"天生"就应该具备有关中国的知识，也让我深恶痛绝。如果我对中国的了解比不上我的同窗（他们大都是美国人），那我出了什么问题？难道我不够中国？我经常如此戒慎恐惧。

那年在研读"中国史概论"这门课（同学都戏称这是"稻田课"）时，无意中在一些课文里发现张家人的名字，他们经常被与"五四"时代（约1919至1926年）相提并论。这个时代见证了传统儒家文化在西方思想引领风骚之下所经历的剧变。1919年5月4日，天安门广场发生了中国史上第一次拥护民主的示威活动，"五四"之名由此而来。这个时代的贡献之一，是产生了新文体和新文学。我的两位伯祖张嘉森和张嘉璈[①]，也就是张家人口中的"二哥"和"四哥"，因在政治界与银行界的成就而为人所褒奖。我自小就认识二伯祖与四伯祖，他们于20世纪70年代中期过世后，每次我去旧金山探望爷爷奶奶，都会到他们位于加州一座山边的墓地致敬。

令我惊讶的是，姑婆张幼仪也因为和徐志摩离婚而被提及，后者是将西方诗律引进中国现代诗，并协助创办影响文坛的《新月》月刊的浪漫诗人，名噪一时。他们的离婚事件常被称为"中国第一桩现代离婚案"。

---

① 即张君劢和张公权。——译者注

大学第一个暑假自校返家后,我热切等待幼仪来访。她在我眼中是位值得尊敬的长辈和不谙世故的移民,这位女士和我在阅读课本时所想象的女中豪杰会是同一个人吗?她到访的第二天,我便拿出提到她名字的书本,央求她从头告诉我她的故事。

第一章

一文不值

我是你爷爷的姐姐张幼仪。在告诉你我的故事以前,我要你记住一件事:在中国,女人家是一文不值的。她出生以后,得听父亲的话;结婚以后,得服从丈夫;守寡以后,又得顺着儿子。你瞧,女人就是不值钱。这是我要给你上的第一课,这样你才会理解我后面讲的。

我生在宝山县①的一个小村子里,那地方离上海不远。家里有十二个孩子,八男四女;可是我妈妈,也就是你曾祖母,老是告诉人家,她有八个孩子,因为只有儿子才算数。儿子将来要继承香火,而女儿以后会出嫁,挑起夫家的责任。

家里生男孩时,用人把他的脐带收在妈妈床底下的一个坛子里;生女孩时,就把她的脐带埋在屋子外头,因为女孩子一长大

---

① 江苏省宝山县1958年划归上海市,1988年与吴淞区合并为宝山区。——编者注

成人，很快就要离开娘家，所以没必要把一个外人的脐带留下。

我和你爷爷是姐弟，我们年纪没差多少。我是1900年生，他是1902年生。我们中间还夹了另外一个兄弟——七弟，他只比我晚出生十一个月。因为家里小孩子太多了，所以我一直到六岁才断奶。每次想喝东西的时候，我会走到奶水充足的阿嬷跟前，凑近她的乳房。喝了这么久的人奶，所以我从不生病，就连活到现在这把年纪也一样，我一直相信这是我身子这么硬朗的原因。

家里人说，我天生强若男子，比我晚出生十一个月的七弟却恰恰相反，软弱得像个女人。家人还说，我出生的时候，妈妈身上的男子气概都被我拿走了，只剩下女性的柔弱留给七弟。虽然这说法让我觉得好笑，不过我可不敢苟同。我想，是生活把我变得坚强的。想想看：我在你这个年纪，十八岁，已经结婚三年喽！我十五岁结婚，二十二岁离婚，这么年轻就经历了这么多事。

我现在一个人住在纽约——儿孙都在附近，可是不住在一起——这是美国作风。在宝山，我们一大家子都按中国习俗住在一个大合院，那合院邻近镇中心，有两个院子，一处做府邸，一处闲居，还有一间开了八扇桃花心木门的前厅。当地大多数家庭都只有一个院子和开了四扇前门的正厅，不过我们家在当地拥有许多土地，你高祖父，也就是我祖父，又是清廷的高官。我虽然没见过他，可是他的画像高挂在客厅内祖宗供桌的上方，还有前院一间特别的小屋里。小屋里还摆着两顶轿子，是一位朝官送给祖父的礼物，当时没有一个人家拥有私家轿子，因此它们成了贵重的私产，只在特殊场合使用。后来这两顶轿子牵扯出一个不幸的故事，我等后面再告诉你。除此之外，这座大宅的风水好得不得了，充满吉兆。房子朝北会招风引敌，向南可以朝阳纳吉，而我们的合院坐北朝南，也就是背对北方。我们运气很好，找得到这种方位的房子。

我爸爸有两个哥哥，我们和他们的家人，还有祖母，住在后院的后厅房。三代同堂，人丁众多，所以大家各有各的厨房和用人，甚至还有一个只替张家做鞋的用人。那时候，人人都穿布鞋，而我们一大家子每天都需要新鞋。家里还养了只德国牧羊犬，有个放洋留学的堂哥在它小时候把它带回家，从此成了我们的宠物。后来我们不得不解决它的性命，因为用人不懂得怎么照顾这只狗，喂它吃了太多残羹剩饭，搞得它身上的毛全掉了，接着就开始流血、起疱，一直到我们给它喂了毒药，它才在睡梦中死去。

我爸爸，也就是你曾祖父，是个口碑很好的医生。即使到今天，都还有人跑来告诉我"你爸救了我妈一命"之类的话。他的诊疗室位于镇中心，他好像什么人的病都医得好，可是他搁在诊疗室外头的捐献箱却难得填满。这是因为他的病人不认为钱财能够表达足够的敬意和谢意，所以他们改送宰好的鸡鸭（都是每天用甜酒和白米喂养的），还有鲜蛋或是青菜。有时候，他们甚至送画来。你晓得你爸爸挂在康涅狄格家里的那些国画吧？其中很多原先是得自感谢我爸爸的病人。从他接受以国画当作医疗费这件事，就可以看出他是多么好的医生。当地每个人都知道他收藏字画，都想给他锦上添花。

爸爸所有的画都收在他卧房内一个高高的桃花心木柜里，他通常一次取出一两卷来，摊在一张边角磨圆、专供赏画用的长型矮几上。他说，中国画要居高临下地欣赏，又解释国画的透视法有别于西画。家里上好的画只在你爷爷（我的八弟）和我清灰尘的时候才挂起来，我们会用小鸡毛掸子在宣纸表面轻轻扫过。在所有孩子里，爸爸只准你爷爷和我靠近他的画。我们清理画的时候，他就在我们背后踱来踱去，向我们解说某幅泼墨山水或历史肖像背后天才画家的故事。其中张僧繇的故事我们最爱听，这位梁代名画家特别擅长画龙，可是从来不画眼睛。有一天，张僧繇完成了一幅壮观的龙画，皇帝下诏书命他点上眼睛，他在别无选择的情况下遵从了圣旨。结果，哎呀，那条龙竟然从纸上飞走了！

你一定要了解我必须怎么样在爸爸面前应对进退，那是非常讲礼数的。我夏天到你家的时候，看到你和父母相处得十分轻松自在，不拘小节；我小的时候，大人可不是这样教我的。他们教我要尊敬长上，循规蹈矩。

孝道的第一条训诫是：身体发肤，受之父母。换句话说，企图自杀是不孝之举。我告诉你这个，是要让你明白，我在日后过得非常不幸的时候，为什么不能了断自己的性命，因为我必须光耀门楣，自食其力。

第二条训诫是：去什么地方，做什么事情，一定要禀告父母。

一生当中做重大决定的时候,也必须经过他们许可。再告诉你这个,是要让你了解,我后来在没有知会父母的情况下离婚,是怎样违背了那时候的规矩。

我小时候学到的其他有关孝道的训示,共有二十四个经典范例,你听了大概会哈哈大笑。有一个非常孝顺的孩子,冬天时会躺在双亲床上替他们温床,夏天时会先让蚊子把自己叮个饱。还有一个孝子在他五十岁生日的时候,穿着小娃儿的衣裳跳舞娱亲,觉得这样可能会让父母感到年轻快活。我最喜欢的故事是讲一个孝子的母亲病了,在隆冬时节渴望喝碗笋汤,这孝子就在一片竹园里哭得撕心裂肺,结果眼泪化作绵绵春雨,竹笋竟然为他钻出雪地。

我就是这样被教养成人的,要光耀门楣和尊敬长辈。所以,除非爸爸要求,我从不在他面前出现,而且从不在得到他许可以前离开。除非他先开口对我说话,否则我不会在他面前启齿。他数落我的时候,我就鞠个躬,谢谢他纠正。我也从不用"你"来称呼我父亲,譬如我从不说:"你要不要再来杯茶?"而必须得说:"爸爸要不要再来杯茶?"不过,大半时候,我甚至从来不问爸爸要不要再添茶,我干脆把茶倒好。能事先料到他的心意,才更孝顺。

爸爸是个脾气暴躁、非常挑剔的人,就跟你爷爷一个模子。其实,我所有兄弟当中,你爷爷最像我爸爸。他们都有窄窄的脸孔、高高的颧骨;生气的时候,一样会提高嗓门,或把东西从房间这头丢到那头。可怕哦！这种脾气。

爸爸对食物尤其挑剔得厉害。他有另外的厨房、厨师和伙夫，不和其他张家人共用。祖母、两位伯父和他们的家人平常都把两家的厨房和用人合在一起，而我们家因为爸爸的缘故，单独开伙。早上爸爸吃早饭的时候，厨师、大伙夫、二伙夫会在他面前排成一行，大声禀报他们一早从露天市场买回的最新鲜的青菜和肉类。然后，爸爸就会为全家人当天午饭要吃些什么，做好重要决定。有时候，他没听厨师说些什么，就宣布自己想吃的东西。妈妈说，食物是爸爸早上起床的唯一理由，这是实话；考虑吃食和吃东西这两件事的确让爸爸非常开心。他一谈到吃的，窄窄的脸上那对眼睛简直就要跳起舞来，而他并非老是这么性急。他不是拈着髭尖，就是双手交抱在瘦长的身体前面（他一点儿也不胖），告诉厨师该怎么弄吃的才合他的意思，包括摆在盘里的样子、夹在筷尖上的分量、卷在舌上的触感、嚼在嘴中的声音、吞进喉里的感觉，当然还有尝起来的味道。味道才是最要紧的。有时候，爸爸会亲自进厨房监督厨师做菜，不过大多数时候都叫妈妈监督，就算这样，在中国家庭里也并不常见。伯母她们就从来不进厨房，而且有时候会取笑妈妈花了那么多时间在后面和用人们混在一起。可是爸爸对吃太挑剔了，根本不在乎自己的太太在不适当的场合露面。再说，妈妈也没吐过半句怨言，她说如果爸爸要她待在厨房，她就得听他的。

妈妈被许配给爸爸的时候才两岁大，那时爸爸甚至还没出生，可是因为双方家里是至交，所以长辈之间决定，如果爸爸生下来是个男孩，就娶妈妈为妻。中国有句著名的俗话说"妻大二，米铺地"，这在我们家一点儿都不假，我们过得非常幸福，吃的东西也多得不得了。

我有两个名字，"幼仪"和"嘉玢"。"嘉玢"是我的学名。"嘉"字笔画很复杂，"玢"字就很简单。"嘉"是排辈用字，我所有的兄弟姐妹和堂兄弟姐妹名字里的头一个字都是"嘉"，有美好、优秀的意思。

爸爸娶妈妈进门后不久，给张家作了个对句，中有"嘉国邦明"四字。意思是"国家美好，国土光明"，借此表达他对中国深厚的忠爱之心。

对句中每一个字都被选作某一辈的排辈用字，像我这一辈的人名字里都有"嘉"字，你爸爸那一辈的人名字里都有"国"字，你这一辈的人名字里都有"邦"字，你们的小孩，或者更确切地说，是你哥哥的小孩，将来名字里会有"明"字。每逢新的一辈，就采用对句中的下一个字当名字，直到用完为止，然后再从头开始。

因为名字的第一个字已经取好了，所以妥善挑选第二个字很要紧。我父母给长子——也就是我的大哥——挑了"保"字，有保护、监护、安全的意思。大哥肩挑许多责任，他开了一家棉纺厂，老是忙着监督厂务。二哥比较书生气，他不是书读个不停，就是热衷与朋友辩论，他名字里的"森"代表庄严、高贵的意思，

第一章　一文不值　013

倒很适合他。四哥名字的第二个字是"璈",是一种古代乐器。

我名字里的"玢"字是"玉"的意思。中国人认为,玉是精美、昂贵的东西,代表人类至高无上的美德。玉有九大类,每一类都用不同的汉字来表示。我的名字代表的不是通俗常见、色泽青绿的"碧玉",而是稀奇罕见、晶莹剔透的"玢玉"。有一次,爸爸旅游归来,带回一只可以捕捉阳光、在他手中微微发亮的别针。那是特意送给我(不是送给我哪个姐妹)的玢玉别针,就是因为我名字的缘故。

"嘉玢"是我的学名,我小名叫"幼仪",这是我每天都用的名字。"幼"有善良的意思,"仪"表示端庄、正直。不知道是不是名字的缘故,我先后在娘家和婆家总是努力做到进退得体。结果,我有时候觉得我没有属于自己的生活。

1900年,也就是我出生那年,一群义和团成员试图围攻驻清朝都城北京的西方使节人员,他们事成后两天就被由美、日、俄三国驻军组成的两万名联军屠杀了。那年二哥张嘉森十四岁。有天下午二哥把一个从前院摘下的瓜剖开,解释这场可怕的大屠杀给我听。我家前院是专留给客人用的,可是墙角恣意生长着一株瓜藤。那天他和我坐在那儿,他说我已经够大,可以了解周遭的世界了。

和四哥比起来,我更喜欢二哥,他虽然心不在焉、满脑子梦想,可是聪明过人。四哥张嘉璈小二哥三岁,却表现得比二哥深思熟虑,头脑冷静很多。他们后来成为我兄弟里面最有名的人物。

两人在日本完成学业以后，就回到祖国，开创了不凡的事业。四哥后来担任中国银行董事长，二哥成为具有影响力的政治家和哲学家。

他们两人都以自己的方式在我一生当中给我关怀。二哥经常把我凭自己的力量绝不可能学到的事情解释给我听。四哥为我挑了个博学的丈夫，在我不同的人生阶段里指点我，怎么样在人前有得体的行为举止；他总是关心外人怎么看我。二哥却教我不论外在的行为如何，都要尊重自己内在的感受，这点和家里任何人都不一样。

那天下午在前院的时候，二哥叫我把中国想成那个瓜。我们从别的瓜里挑了个又大、又硬、又绿的果实。他把瓜递给我，我感觉到它在我臂弯中的分量和熟度。然后他从我手上把瓜拿走，用一把刀子切入光滑的表皮，将果实切成差不多的两半；又把较大的那半切断，高高举起，果汁从他的手背滴下来。他说："这半边是现在被外国人据为己有的中国省份和港口。"

二哥一边用刀背把瓜瓤挖出来，一边说明：清廷把印度让给了法国，缅甸和香港让给了英国，满洲和旅顺港让给了俄国，朝鲜让给了日本。他切给我一片厚厚的瓜肉，说这是那五个已经被迫开放给英国通商的港口，包括厦门、广州、福州、宁波和上海。我们家附近的上海受外国人统治的情况最糟，他们用自己的法律和风俗，支配城中大片地区，牺牲中国人来谋取厚利。

义和团成员主要出身乡下，他们痛恨所有西方人和西方思想，希理将西方思想从中国连根拔起，不留一丝痕迹。已将大部分国土拱手让给了外国人的清朝政府也憎恨洋人。可是慈禧太后和清廷现代化的速度太慢了，虚弱得没法子凭自己的力量对付洋人，所以就在暗中支持义和团，资助他们在偏远的乡下进行团练，以及移师京城的活动。二哥说，这时守旧思想就显现出可悲的一面：打从心底排外的义和团相信，古老的功夫和吐纳方法可以让他们刀枪不入。所以尽管义和团人数和洋兵人数相差无几，他们还是企图以长矛、刀剑而非火器与八国联军一战。最后，义和团溃不成军，两名重要朝臣羞愧自杀，慈禧太后也穿着农人的粗布衣裳，伪装成百姓逃到中国西边，在西安重建宫廷。

二哥说，这些事全发生在我出生那年，他解释了一些我从小就已经感受到，却没办法自行表达清楚的事情。你知道，妈妈说女人家一文不值，阿嬷咒骂我是"外人""白吃干饭"的时候，一半我听进去了，一半我没听进去。我生在变动的时代，所以我有两副面孔，一副听从旧言论，一副聆听新言论。我有一部分停留在东方，另一部分眺望着西方。我具备女性的内在气质，也拥有男性的气概。

第二章

三寸金莲

我的中文名字"邦梅"是由爸那头的家里取的，英文名字"Natasha"则是取自《战争与和平》这本书里的一个人物，因为我比预产期晚了两周出来，妈就在生我之前锲而不舍地读这本书。"邦"代表"国土"的意思，"梅"代表"梅花"。虽然爸告诉过我张家的家谱，说他们的名字都是从祖传的句子中取的，但在我成长的过程中，"Natasha"才是我最认同的名字。我很喜欢写这个字，高高耸起的大"N"后面跟着三个小小的"a"。"Natasha"也很好发音。只有家人才叫我"邦梅"，每当我朋友听到这名字，都会放声大笑。

我在家和爸妈讲英语，定期忠实收看电视节目《脱线家族》[①]（*The Brady Bunch*）和《鹧鸪家庭》（*The Partridge Family*），闲

[①] 台湾智库版译作《欢乐满人间》。——编者注

来无事会玩玩"猴子在中间"（Monkey in the Middle）、"胜利得大奖"（Bring Home the Bacon）和踢球的游戏。我认为自己和学校其他小孩（主要是白人、中产阶层爱尔兰天主教徒，还有意大利裔）一样是美国人。我到我家附近购物中心的冰激凌店，也总是知道该点什么。

我会从友好冰激凌店（Friendly's）买咖啡口味或薄荷巧克力碎加小糖粒的冰激凌，要不就在31种冰激凌专卖店（Baskin Robbins）来份石板街冰激凌（rocky road）或杯装雅摩卡杏仁富滋（jamoca almond fudge）。

偶尔，当我一手拿着冰激凌，一手握着找给妈的零钱，走回我们的车子时，我会听到一群在街角厮混的青少年以嘲弄的声音喊着"清客"（Chink）、"华仔"（Chinaman）、"Ching chang chong"①。

每当遇到这种事情，我真希望从自己生长的镇上消失算了。那些午后，每当想起我有一张和别人长得不一样的脸，我就躲在家中，躲在那高踞街旁小丘的绿色错层房子里。我可以坐在客厅的大窗边，看着其他像蚂蚁或甲虫一般的孩子从下面飞奔而过。

有一回，我和妈、姐姐在购物中心的试衣间里，姐姐穿上一件洋装，然后用沮丧的声音说："不行，不行，这件不好，看起来太像'清客'了。"妈听了扬起手，一副要打她的样子（妈从没打过我们）。她太震惊了。接下来，她带着深受创伤的表情转

---

① 侮辱华裔的说法。——编者注

向姐姐说："不准你再讲这种话。"

可是，我能体会姐姐的感受，我也不希望自己是中国人。

爸是教授，妈是教育家，两人十几岁就在美国念书，把中文当作第二语言。他们外表年轻标致，和我在镇上看到的其他那些驼着肩膀、拖着脚步、一开口就露出一嘴烂牙的开洗衣店和餐馆的中国人不大一样。我的朋友初次见到我爸妈，一定都会带着惊讶的语气评论："他们不像中国人嘛！"或是："他们讲话没有口音啊！"那时，我就觉得很得意。

在我家车道另一头，有个爸妈还没动手美化的游戏沙场，哥哥、姐姐和我在那儿堆了个小山一般、有壮观的护城河和灌溉系统环绕的大城堡。有时候，我们帮爸在自家的地界边缘栽种枝丫伸展的桧木和紫杉。这时我们会翻动房子四周那片硬邦邦的新英格兰土壤，寻找中国。我在学校听说，我们可以在那儿搭上慢速小船，或是往下挖个洞通到地球的彼端。我常质疑那些故事的真实性，一如脑海深处也总是响起那些故事的声音。我曾假想我们把一块巨石往回拖，露出北京城中一条拥挤大街的情景，那街上挤满了人力车夫和顶着可笑帽子的人。

我老是担心那些中国人接下来会做什么，当他们看到我的大脸从天上的一个大洞盯着他们瞧时，会怎么样？

你问起我的童年。在中国有个传说，从前月亮上住着两姐妹，她们的哥哥住在太阳上。这对姐妹长得很漂亮，因为地上的

第二章　三寸金莲　019

人们晚上总是盯着她们看,她们觉得局促不安,就要求哥哥和她们换地方住。哥哥笑着告诉她们,白天的人比晚上还多,所以会有更多只眼睛仰望她们。两姐妹打包票说,她们想好了一个防止大家看她们的计划,于是三人就换了地方,两姐妹住太阳,哥哥住月亮。这样一来,如果有人想看这对姐妹,两位姑娘就立刻用七十二根绣花针,也就是太阳光,刺他们的眼睛。

  传说的全部内容是这样,可是有许多讲法,有时候说成那对姐妹从没离开过月亮,有时候又说成太阳是两姐妹唯一的家。我是小时候从阿嬷和妈妈那儿听来这两个说法的。阿嬷在乡下长大,当姑娘的时候在田里干活儿。她把月亮里的姐妹指给我看,我对着她们身上随风飘扬的绫罗裙和小巧玲珑的绣花鞋,惊叹于它们的美丽。妈妈在我三岁那年,做了个改变我一生的勇敢决定,她教我想象那对姐妹住在太阳里的情形,又教我要相信视界以外的真相。

  我脑子里的天空都被这两对姐妹填满了。晚上,阿嬷为我脱好衣服,再将早上她替我扎的辫子梳开的时候,我就望着窗外,寻找月亮上的姐妹;知道她们在那儿,就安心睡着了。白天我在后院玩耍的时候,头顶和背上一觉得滚烫,就晓得太阳里的姐妹也在俯视我。因为孩提时代分别听过这两部分的故事,所以两边的情节都记在心里了;我看到了太阳里的姐妹,也看到了月亮里的姐妹。

  我三岁那年的农历腊月二十三日,也就是春节前六天,家里庆祝小年，这天也叫灶神节。虽然我们不是乡下人，可是也为了让相信民间神话的用人如愿而遵守这项习俗。我们一年到头都将灶神像挂在厨房的炉灶上面，每天为他烧香，供奉新鲜水果。灶神节这天，灶神爷会上天庭向玉皇大帝禀奏他掌管的人家的优缺点，为了确保灶神爷替自家说好话，用人就准备美食以示对他的崇敬，而且特地在神像前面的神案上摆上黏糊糊的汤圆，好教他吃了以后，一路闭着嘴巴抵达皇天。

因为这些包了红豆沙的汤圆软软乎乎的，所以有人以为它们也可以把小女孩的脚变软。我小时候，女人都有裹小脚的习俗，西方人叫这些小脚丫子"缠足"，可是中国人取的名字要美得多：从南唐时代李后主的一位宫嫔开了这项传统的先河以后，它们就被叫作"新月"或"莲瓣"。这位擅长舞艺的宫嫔因为长得太美了，皇帝就叫人用金属和珠宝编成一朵比真花大的莲花，连同一座池子送她；又要她以丝帛裹脚，在莲花瓣间跳舞来取悦他。她那优雅的舞步在池水映照下，就好比在云间掠过的新月，给皇帝留下了深刻的印象，从此其他女子也开始仿效，把双脚拱成新月那样弯弯的形状。这就是裹脚传统的滥觞。

那缠过的脚有多小、有多美呢？把你的手给我，你大概就可以知道小脚的缠法，还有要怎么样轻轻地把脚趾弯到脚底，直碰到脚跟为止。把你的手掌想成脚底，再把手指想成脚趾，看到我怎么样把你的手指和手掌合拢，弄成一个松松的新月形拳头了吗？这就是缠好的脚。缠到后来，你得用脚后跟和趾关节来走路。

如果两只脚的形状缠得完美无瑕，你就可以轻轻松松地在脚趾和脚跟之间的凹陷里塞进三根手指头。

我的母亲有双三寸金莲，她每天早上都用干净的布条把脚裹好，到了傍晚再泡在加了香料的清水里。她走路的时候，身子僵直，臀部摇摆，绣花鞋尖会轮流从裙摆下露出。出身乡下的阿嬷，脚大得像个男人。她说，如果我乖乖的，长大后就会像妈妈一样又白又漂亮，就和月亮里的姐妹一个样儿。我头一次看到月亮姐妹，是在中秋节的时候，这是农历八月十五庆祝丰收的节日。那天一家人先品尝月饼和当令的石榴，半夜再起床聚在后院，一边穿着睡衣打战，一边欣赏高挂当空的明亮满月。阿嬷第一次把我包起来放在臂弯的篮子里带出门赏月，是我两岁时候的事。她要我仔细观察月亮周围那团雾气和月亮表面那些模糊的凹痕。她说，那表示月亮姐妹在上头，声音中带着股惊叹的意味，接着我就看到两个身穿熠熠长裙、脚踩玲珑丝履的姑娘飘浮在月中。那天深夜，我闭着双眼，都还感觉得到月亮在我头脑里发出像耀眼的星子一般的光辉，而且梦见那两姐妹从我头上飘过。

我三岁那年的灶神节，阿嬷教我自己吃掉一整颗汤圆。她说，这样有助于把我变软，可是我一直到第二天早上才明白她的意思。妈妈和阿嬷带着一盆温水和厚厚的白棉布条来到我床边，她们把我的脚泡在水里，再用厚的湿布条绑起来。当布条紧紧在我脚上绕完以后，我看到眼前出现一片红，而且没办法呼吸，觉得自己的两只脚好像缩成了小虫一样。于是我开始尖叫，我以为我要死了。

"你哭什么哭？"阿嬷数落我，"每个小丫头都要缠脚的嘛！"

妈妈说我慢慢会习惯的，她也无可奈何。为了转移我的注意力，她在厨房里摆了张小椅子，这样我白天就可以看厨师做饭，而昨天我还理所当然地在这块地上跑来跑去呢！缠脚那天，我竭尽全力地尖叫，房子里都是我的声音。吃午饭前，爸爸和哥哥们还过来安慰我，下午以后，就只有妈妈和阿嬷在厨房里安抚我的情绪。可我就是没办法静下来。我看到厨师的剁肉刀上上下下闪着光，听着鸡骨头在他又砍又剁之下断裂的声音。一听到那声音，我就尖叫，好像我自己的趾头被弯到脚底的时候断了一样。

缠脚要花好几年功夫，必须慢慢地、小心地把脚骨缠断。一个小姑娘的脚形就算缠得完美无缺，还是得继续缠着，才好维持那形状。她未来的公婆会问："她缠脚那些年牢骚多不多？"如果牢骚多，他们就会重新考虑要不要把她娶过门，因为她会发牢骚，就表示她不够听话。如果我乖，妈妈和爸爸就会告诉人家，我的双脚是对形状美得不得了的金莲，在经历缠脚痛苦的那几年，性情一直平和温顺。可是如果他们没说实话，每个人都会晓得。灶神爷会告诉玉皇大帝，媒婆会警告我未来的夫家，用人会在镇上其他用人面前说我闲话。宝山县每个人都知道张家。要是我不乖，将来就会没人要，我会嫁不出去，成为张家的耻辱。尽管如此，我还是哭闹。

我一连三天坐在妈妈和阿嬷跟前忍受裹脚仪式：拆掉血淋淋的布条，泡在水里，重新绑紧。可是第四天早上，奇迹发生了：二哥再也受不了我的尖叫，告诉妈妈别再折腾我了。

"把布条拿掉，"他对妈妈说，"她这样太痛了。"

妈妈说："要是我现在软了心肠，幼仪就会自食苦果，谁要娶她这个大脚婆？"

二哥就说现在再也没人觉得缠脚好看了。妈妈又问二哥一遍，如果她不管我的脚，将来谁要娶我。

二哥接腔："要是没人娶她，我会照顾她。"

当时二哥才十七岁，可是从小被教导得言而有信，妈妈就动了恻隐之心，把阿嬷叫来帮忙松绑。打从那天起，我再没缠过脚。

"神经病"——阿嬷给妈妈的决定下了这么个评语。即使过了几年以后，慈禧太后通过了一连串禁止缠脚的改革，妈妈也准我两个妹妹长着一双大脚，阿嬷还是替我们的将来操心：谁要讨我们这几个大脚婆？我们真是不三不四，既不能整天待在田里干活儿，做男人的帮手，又不能像闺房里的淑女那样安安静静坐着不动。

不知不觉地，我的脚变成了我的护身符，带着我进入一个崭新、广大、开阔的世界。我在厨房里跟着厨师从砧板绕到炉灶，剥虾壳或做其他琐事的时候，可以轻松地站着。妈妈坐在远离炊火的一张椅子里，懒散地发号施令。我那两只脚的力气，也成了我的挡箭牌，使我免受堂兄弟姐妹的揶揄。他们喊我"小村姑"

的时候，我就反唇相讥，然后尽快跑开。在后院追踪甲虫的时候，如果它们想逃跑，我就用脚后跟把它们踩扁。

我十二岁那年，妈妈生下第十二个，也是最后一个小孩四妹。她生产的时候昏了过去，做医生的爸爸以为我们快要失去她和娃娃了，就把七弟和八弟喊到楼上妈妈的房里，叫他们在一个钵里撒尿，然后直接端到妈妈的鼻子下面。小男孩的尿味重得像阿摩尼亚[①]，妈妈一闻就醒了过来，可是我们都怕得要命。四妹呱呱坠地以后的几年，妈妈身体一直很弱，所以由我帮小娃娃把饭嚼烂，带她出去玩，好让妈妈在屋里静养。

有一天，我在后院和四妹玩耍的时候，不小心把她给摔在地上。她先是一愣，过了几秒才放声大哭。爸爸正巧看到她摔下来，立刻从屋里跑出来，抄起四妹，甩了我一耳光，说我应该小心一点儿，又说我东跑西颠，野得像个乡下丫头。

那是我这辈子爸爸唯一一次打我。他带着四妹回房以后许久，我还待在院中落泪。那天近傍晚时分，身子还很虚弱、几乎从不把便鞋的底子弄脏的妈妈走出屋子，坐在我旁边。她用手擦去我的泪，紧紧搂着我说，要像天上那对姐妹一般自由自在是很难的。没人能看见她们，她说，她抬起半闭的眼睛看着太阳，可是她们就在那儿，在新居里欢欢喜喜地跳舞和嬉戏。

---

① ammonia，氨水。——编者注

第三章

福禄寿喜

我阿嬷许妈也和幼仪的阿嬷一样出身乡下，而且我也像爱自己的妈一样爱她。许妈 20 世纪 30 年代就受雇于爸当时在上海的家，爸小时候便是由她带大的。现在，她和我们一起住在哈姆登（Hamden）的家里，房间在楼下。因为她的缘故，我们在家讲着好几种话：许妈和爸还有我们几个孩子讲上海话；我们自家人说英语；妈和许妈之间用"国语"，因为妈不会上海话。

每天早上，许妈的穿着和她从小在上海乡间的穿着如出一辙，身上是一件缝着不对称花盘扣的高领套褂，一条七八分长的黑裤子，脚上是一双平底黑便鞋，而且经常挂着一条她一笑得厉害就拉起来遮脸的围裙。许妈的儿子长爸几岁，现在还住在上海市郊的小村里。收到儿子来信时，许妈便坐在角落边哭边用围裙拭泪，人变得安静许多。我讨厌看到信箱里出现那些装在红、白、蓝相间条纹航空信封里的信,那意味着,哭红双眼的许妈一吃完晚饭就会退席,晚上也不会到我们房间给我们讲故事,或是边用宽大的手掌拍着我们的背,边用上海话数着"一,二,三,四;一,二,三,四"。

每次许妈一哭,我心里就难过,因为我知道她过过苦日子。爸说,许妈20世纪初出生于上海郊区,快八岁的时候被卖给另一户乡下穷人家,他们把她当作陪伴儿子的童养媳,一直养到两人长大成人结为夫妻。这是付不起聘金的人家确保儿子娶得到乖巧媳妇,好为他们生下子息、继承香火的办法。许妈的丈夫成年以后,变成赌徒和一无是处的酒鬼。他们在她十八岁时有了第一个孩子,是个儿子。后来许妈接二连三地怀孕,但被她用剥了皮的桑树嫩枝堕掉了。有两次怀孕她其实把孩子生了下来,但因为生的是女孩,许妈就把她们按到屋外的茅坑里淹死了。她要照料田地,要做饭给婆婆吃,要打扫屋子,还要设法走私食盐多赚些钱,这样的人可没工夫照顾女儿。

20世纪二三十年代,中国省与省之间的食盐交易受到各自省份军阀的管制,像许妈这样富冒险精神的农妇,为了赚取利润,便试图在不同省份之间走私食盐。她会把盐块缝进内衣衬里和外衣的夹层,让自己看起来像个胖女人。如果她被逮到,省里的警察或军阀的侍卫就苦打她一顿,然后把盐抹在绽开的伤口里,让她尝尝教训。

每当我特别替自己难过时,她就会用上海话对我说:"侬看看我受过的苦！"接着便转过身来，撩起她的上衣，让我看她背上的伤痕。

当年许妈发誓，等到她儿子能替他自己和她婆婆烧顿饭，代她履行她对夫家的责任那天，她就要离开村子，为自己谋财富。她就是这么来到张家的。她生下第二个女儿不久，便离开家里，到四伯祖在宝山县办的一家孤儿院应聘当奶妈。

那是1936年，爸的姐姐刚出世，她的英籍家庭女教师雅琪太太（Mrs. Archer）需要一位女佣，我奶奶就告诉了四伯祖。四伯祖于是派用人到孤儿院找个干净诚实，愿意和城里一户有钱人家住的女佣。院里推荐6号用人，但她那个星期碰巧不在，许妈便顶替了她。

"我是6号。"她大声禀报，然后毫不犹豫地跟随四伯祖的用人到了上海。

许妈当了几年雅琪太太的女佣，学会怎样替她放温度适中的洗澡水，怎样用特制的英国指甲钳修剪她的脚指甲。"珍珠港事件"爆发后，1942年，爸的家当时所在的香港被日本人占领。雅琪太太也和其他英国公民一样，被送进集中营。许妈便成为张家的奶妈头儿，我爸出生后就由她带。

"侬争气。"——爸小时候，许妈一再跟他讲这句话，后来又反复对我们这些小孩说，意思是我们自己一定要有番作为。据许妈讲，我们都是她这个几乎不能读写的乡下妇人带大的，如果我们长大以后不能成为某号人物，那张家上上下下都会怪罪于她。

当许妈用她那双如土地般又硬又黄的手，把属于中国的一切传递给我时，我怎能不爱中国？我想，许妈的手耕过的田地、煮过的饭菜、搓过的衣服太多太多了，因此她的手掌和指尖带有一种糅合了手本身、洗碗水、土壤、青葱和生姜的特殊气味。那是双无所不能的手：一刀就把鸡剁成两半，在我们家周围那块新英格兰坚土上种出绽放的菊花，毋须参考纸型，就缝出一条裤子或一件裙装。小时候每天放学以后，许妈就把我叫到她房间，试穿一件她用她在附近布庄的零头布箱中发现的碎布为我做的衣服。我床头的一条被子，也是许妈用零零碎碎的材料、颜色大胆的布条缝制而成。

但愿我能像许妈那样为周遭人所接受，或是像她接受自己那样接纳自我。她虽然只会说几句英语，却能和每天早上送牛奶的人开玩笑，或是和妈的朋友交换园艺妙方。我和许妈一块儿出门时，每个人都以为她是我奶奶。当我牵着她的手穿越购物中心的停车场时，就不怕被那些青少年讥笑了，因为许妈和我一起经过他们身边的时候，他们从没吐过半句话，就算说了，我也不在乎，因为我感觉得到许妈在我身边的力量。与她同行时，我觉得自己站得很稳，不怕掉进那道分隔中国和美国的危险裂缝；单枪匹马时，我就会步履不稳地走在两种文化的边际之间。当其他孩子喊我"清客"，或是用手把脸挤扁，模仿我细细的眼睛和宽宽的鼻子时，我的内心就一个趔趄，坠入那条裂缝之中。在那儿，我站在中国的门墙外，以嘲弄和无知的态度面对它。

虽然我自己尽了力,却依旧无法避开两种文化之间的裂缝。学校的小朋友第一次取笑我最爱的那条长裤,告诉我裤管太短、裤裆太低时,我吃了一惊。那裤子是许妈做给我的,我以为她做的衣服可以保护我,使我免于遭到不友善的批评。后来,我只在家里穿那条裤子,而且会仔细察看许妈做的每件衣服,找出可能的缺点。从我同学的观点看中国,会让我受伤,那意味着我会跌入那道远离我的许妈的缝隙中。

你看,我没有裹小脚,可是对我丈夫来说,我两只脚可以说是缠过的,因为他认为我思想守旧,又没读什么书。我嫁给他的时候才十五岁,这个年纪离开娘家,对一个女性来说,是早了点。可是我刚满七岁那年,家里发生了一件不幸的事:我们变穷了。

你是知道的,我们张家人非常好面子。我们坚信中国一句名言"名节是个人第二生命"。这意思是丢了自己的名誉和家里的名声,差不多和丢掉性命一样糟糕。我们年轻的时候,张家人失去了一切,可是从没丢过张家人的名声。这是最重要的一点。我们一家人团结一致,紧守着自尊和志气。看别人赢,会学到一些东西;看别人输,学到的更多。我们遭遇的不幸使我们坚强,帮助我们成为今日的我们。明白这点,你就可以明白自己的血脉了。

我先说说轿子吧,它们看起来像有两个扶手和一个靠背、接在长长的竹挑竿上的椅子。有时候,椅子上有间四面挂了帘子、可以保护隐私或遮蔽太阳的小房子。你在轿子里面坐定以后,轿夫就一前一后地把竹竿子扛在肩上，带你到你要去的地方。那竹竿子很有弹性，所以轿夫一肩扛一根来平衡力量，然后脚步轻快地往前跑，轿子就缓和地颠来颠去。我小时候，我们都是乘着轿子四处逛，非常舒服。

宝山的轿夫都习惯聚集在我们家围墙外的一棵大树下，等着赚工钱。比方说，爸爸被急诊病患从家中传唤的时候，用人就跑到树下，雇一顶轿子和两个轿夫。在紧急情况下，爸爸之所以需要三个轿夫，是因为没工夫让轿夫停下来换位置，所以第三个轿夫会跟着轿子跑，等其他两个轿夫当中的一个累了，就把轿子扛到自己肩上。

我可以从一个人坐的轿子辨别出这个人的许多情况。首先是看轿子颜色：朴素的青竹轿是日常乘坐的；以白布覆盖和装饰的轿子是送葬队用的；披着红丝帐的轿子是给婚礼队伍中的新娘子坐的，就像我结婚那天一样。再就是看轿夫人数（通常是两个），它可以显示乘坐人的身份地位。只有大官才可以雇用两个以上的轿夫，这是从前社会被分成士、农、工、商四大阶层的时候传下来的习俗。最高阶层的士大夫为社会提供思想和秩序；第二阶层的农夫耕种土地，给世人供应食物；第三阶层的工匠制造生活所需的工具；最低阶层的商人除了替自己生财以外，什么贡献都没有，就算他们雇得起好几个轿夫，还是不如士大夫受人敬重。

从前上海大部分地区都受外国租界法令的管制，在市中心没人理会老规矩，洋人出门想雇几个轿夫就雇几个轿夫，有时候多到四个。我听说有个叫杨祖卿（原文作 Yang Zuqing，此系音译）的中国人也雇了四个轿夫，可怪的是，他们全是洋人。杨祖卿出身上海一个旧家庭，他痛恨上海有外国租界这件事，为了让大家看看中国人在外国管制下所受的屈辱，就雇了四个洋轿夫扛着他周游外国租界。他下轿子的时候，那几个外国佣工还得托着他那件特别缝制、衣裾长达十五英尺的官服。据说，杨祖卿走到哪儿，都是一道奇观。① 难怪。

张家拥有的那两顶轿子，象征我们家至高的荣誉。当时大多数人家只租轿子用，我们的轿子却是自己的，是清廷任命祖父做知县的时候致赠的礼物。学富五车、大公无私的祖父为官运用的是智慧与逻辑，而且会定时乘坐这两顶轿子入宫。祖父死后，家人就用罩子把轿子罩起来，收在前院的一间小屋里，有特殊大事才派上用场——像大堂哥举行婚礼的时候，那是我出世以前的事了。

爸爸大哥的长子大堂哥，是我这一辈张家成员中最重要的一员，他依序继承了这两顶轿子：当初祖父把轿子送给他的长子，也就是我的大伯，大伯又打算把轿子送给他的长子，我的大堂哥。大堂哥结婚的时候，用红丝喜幛装饰第一顶轿子，然后派到邻省

---

① 此处或系误记。郑逸梅《从羊角军到轿子》一文中有"杨子京雇西人抬轿"掌故，讲富人杨子京身着特制的一丈八尺长衫，"命四个外国瘪三每人提着长衫下摆的一角，大模大样地在四马路一带兜圈子。……过了一天，他又穿了这件长衫到城里豫园湖心亭喝茶，坐着官派十足的绿呢大轿，仍旧由那四个外国瘪三抬着。……到了豫园下轿，外国瘪三又替他提着衣角，宛如做了一出滑稽戏，看热闹的把马路都塞住了"。见《上海旧话》第6—7页，郑逸梅、徐卓呆编著，上海文化出版社，1986年6月第1版。——编者注

迎接新娘子。第二顶轿子用祖父衙门里敬祖的金丝幛做装饰，载着迎亲队里的大堂哥。

大堂哥娶的新娘子在婚礼前一天坐着红轿子抵达宝山，她带了好多光彩夺目的珠宝来，有玉石、珍珠和祖母绿，是嫁妆的一部分。虽然我没见过这场婚礼，不过大堂嫂把经过都告诉了我，还让我瞄了一眼她的珠宝。她和大堂哥，还有他们的孩子，住我们隔壁房。同住的还有她的父母。通常，一个女人出嫁后，就把娘家抛在脑后了，可是大堂嫂刚嫁到我们家的时候，因为太想念娘家了，大堂哥就答应她让岳父岳母搬过来住。她和她父母白天大都在吸鸦片，摸麻将，自己聊自己的。

现在，你有必要知道另外一件事，那就是在我们家，并非所有人都是纯血亲关系。爸爸那一辈的三个兄弟当中，只有爸爸是祖母亲生的儿子。其他两个哥哥都是祖父大太太生的，她很早就死了。祖母仅仅是祖父的继室，地位比大太太低，却是当时张家在世的成员里最年长的。她在大伯从旁提供意见的情况下当家做主。

不过，家里每个人都知道祖母最宠爸爸和他的妻小。她不断说妈妈是媳妇里面最能干的，因为她生的十二个孩子当中，有八个是男孩，生男的比率在媳妇里面最高。每次祖母私底下在自己的卧房用餐的时候，总会挑我们家小孩之中的一个（通常是六哥或我）作陪。用人会为她斟上一杯米酒，顺便也给我倒一小杯。若干年后，在上海，我为二哥举行了一次晚宴，来吃饭的周恩来看到我这女子酒量如此之大，还吃了一惊呢！

1907年，家里出了麻烦。出事的时候，正逢一年当中最喜气洋洋的春节。

我穿着过节的衣裳（一套滑溜溜的红色丝质绣花衣裤，走起路来裤管会沙沙作响），头发紧紧扎成两条教我头皮发痒的辫子。我依照过年的规定，表现得中规中矩。那时候，我们相信天上神明会在旧年的最后一个月和新年的头一个月，监视人间发生的每件事情，然后决定来年要散布什么样的运气福分，即使像被缝衣针扎伤这么单纯的意外（这样一来就损伤了肢体，而肢体是神明的惠赐），也可以决定一个人一年的命运。所以我很高兴，我那个迷信的阿嬷没把我关在闺房里做女红（平常我不能到院子里玩的时候，就要待在闺房做女红），而准我和兄弟姐妹待在一起。偶尔，我会想到厨房帮帮妈妈的忙，小心翼翼不把衣服搞脏。

家里的粮房堆满了米、油和其他年节必需品，这样我们就可以丰丰盛盛迈入新年了。为了过节，房子里也尽量弄得干干净净。我们在前厅悬挂横幅的时候，爸爸就用上面写的四个大字"礼义廉耻"，给兄弟们进行一年一度的庭训，引导他们生活要过得合乎儒家所定的"礼"的规范；一言一行要合乎"义"，也就是正义、正直；于公于私都不贪图或偷窃财物，这是"廉"；还要避免玩弄任何阴险的手段，这是"耻"。那时大多数人家都是张贴写着"福禄寿喜"四个大字的横幅来迎接新年，我们挂的横幅却用了四个不一样的字，作为一个书香门第做人处世的准绳。

庆祝新年的第一天，也就是腊月初八这天，我们三家的厨师集合起来准备腊八粥、特别的青菜和新年的餐品——薏米莲子汤。当我们一大家子挤在大桌前尽情吃喝的时候,大哥一不小心把饭碗摔到地上,碎成了六片。每个人(包括迷信的用人们在内)都吃了一惊,为了安慰大哥,大家坚持说:"没关系,没关系。"你晓得,在年节期间打破饭碗,其实是件挺严重的事。上海话里面"饭碗"这字眼和"势力范围"的意思是差不多的,所以,大哥打破饭碗,等于象征性地破坏了他的势力范围。

大哥是个"儒商",虽然受完正统中国教育,可是没有遵循传统的路子去当文官。他开了一家棉籽油厂,大部分时间都在打理生意。举个例子说,年节期间,他会在年关结束以前把所有账目弄好,同时在腊月十六这天,用大鱼大肉犒劳工人。可是,那一阵子大哥的工厂经营发生困难,这也正是他饭碗摔碎的时候每个人都忧心忡忡的原因。当时大哥手下有几个最优秀的工人被当地一个买办挖走了,在他找人顶替的时候,工厂赔了钱。

虽然后来大哥另外拿了个碗吃饭,可是有个用人小心拾起破碗的碎片放在一边,等着第二天下午拿给来我们家的补碗匠修补。那补碗匠用一根小小的钻子在破瓷碗片上钻进一些小孔,再用细细的金丝把碗锔在一起。当然啦,补好的碗看起来非常滑稽,因为白瓷上面交缠着金丝。不过,大哥从那天起到腊月底,一直是用那个碗。家里只有大堂哥取笑大哥笨手笨脚,他们两人老是处不好。

春节第二天的夜里,我被许多人在房子周围尖叫和奔跑的声音吵醒。我一边摇醒可以一睡就不省人事的大姐，一边从床上冲出去。到了外头，发现全家人都起来了，连大堂嫂和她父母，以及祖母都在。每个人都还穿着睡衣，女眷们披散着头发，在月光下看起来令人毛骨悚然。她们的脚有一部分没缠好，布条的尾巴都拖在地上了。

原来，大堂嫂的珠宝被偷了！用人点起家里所有的灯笼，池塘对面的邻居也燃亮所有灯笼。他们的用人跑过来说，他们看到一个黑影从我们这合院的屋顶跑过去。当夜，两家的用人好好找了一遍，可是夜贼和珠宝已经不知去向。

珠宝失窃的事大概过了一星期，大哥工厂的生意突然好转。从摔破碗这件事来看，他的势力范围理应遭到破坏，所以他瞬间转运的事情出人意料，而且差不多是个奇迹。当然啦，我们家里是很高兴的。说不定我们这支张家人得到的好运，在甫遭噩运的大堂哥家人看来太多了，也说不定是大哥和大堂哥之间老是磕磕碰碰，原因我不知道，可是事情过后不久，我看到他们家起了疑心的征兆：大堂哥、大堂嫂和她的父母开始在自己的房舍里用饭，而且再也不许小孩和我们一起玩。

有一天，大哥经过大堂哥住处的时候，大堂嫂的母亲恶毒地说："哦，那个贼来了。"

大哥一听到这批评，就垂下头来没作声，因为他觉得自己的好运导致家庭失和很丢脸。但是这句诬赖人的话，也被在隔壁我们自己家缝衣服的妈妈听到了，那天晚上，她告诉爸爸，她不愿意再待在一个别人用这种态度批评她孩子的家里。

年关马上就要过去的时候，爸爸走进房间对我和兄弟姐妹宣布："我们要搬走了。"

为了顾全面子，我们在开年的时候一声不响、匆匆忙忙地离开老家，带着家什搬到一个新的镇上。离开祖母是让人很难过的事，可是她老人家为了维持家庭和谐，留在宝山和两个年纪较长的儿子一起住。我们有好几个月没看到祖母，后来爸爸才开始偶尔带几个孩子回宝山吃饭。他是出于对祖母的爱与敬才回老家的，他不想让她在当地人面前丢人现眼，只要他定期回宝山，至少张家看起来还是和睦融洽的。

大概过了十年以后，珠宝失窃的事情才真相大白。原来，那个贼是祖母厨师的儿子。这厨师是祖母的忠仆，他在无意间听到儿子吹嘘偷东西的事，就当面质问。后来他儿子向祖母认错，结果被从轻发落，关了些日子。过了这么多年以后，他才把解开谜团的关键供了出来：那夜搜查的时候，他把自己藏在了我家的一顶轿子里！当初没有一个用人想过要检查放轿子的小屋，更别说看看轿子里头了。

在我们家的罪名正式被洗刷前的那十年间，我们经历了太多事情：家里钱财尽失；我哥哥在海外求学的时候，生活艰苦；我也不得不在十三岁那年订婚。那些年间，我哥哥凭着个人的成就，逐渐挽回家里的财富和尊严，可是一切已经不同往昔，因为我们再也不能回宝山老家了。

第四章

嘉国邦明

从一次次的家族聚会里，我反复听到张家人在1949年以前的故事，内容都与他们的成就、家庭和谐，以及才干有关；可是只有幼仪告诉过我"轿子事件"，别人从未提起或传述过这件事，好像那是个见不得人的秘密似的。要是曾经有人跟我分享这故事，我相信我会更了解张家人，而不会把他们的自尊误解为自大，或把他们力求完美的欲望误解为独善其身。我始终好奇自己能不能达到他们的成功标准。

对我来说，我们张家的那些英勇插曲，就像一场鲜活的记忆。从爸或许妈，还有围坐在四姑婆家那张桌子四周的所有亲戚口中传出的故事，一直是栩栩如生。张家人虽然富有，却以不屑与金钱为伍而出名；虽然精明能干，又有良好的社会关系，却以不屑玩弄政治权谋著称。爸很喜欢提起当年周恩来（那时是共产党和国民党之间共产党方面的联络人，后来担任中华人民共和国总理和外交部长）到他家和国民党员商讨大事，他却跑到露台骑了几个小时三轮车这档子事。20世纪40年代中期，大家认为张宅是立场中立的场所，可以作为两个党派非正式会面，以及尝试讨论意识形态差异的地方。

我爷爷（幼仪的八弟）张嘉铸在20世纪30年代开发出黄豆的一种革新用途，并成立"中国蔬菜公司"。他二哥张嘉森所组织的国家社会党，后来在台湾地区的政坛还占有一席之地。四哥张嘉璈曾领导中国银行。早在我了解"伯祖"这名词是代表血亲的称谓以前，我就知道伯祖们的丰功伟绩了。

即使在1949年离开中国大陆以后，张家人依然表现杰出。就我记忆所及，我爷爷奶奶自60年代末由巴西来美国之后，虽然没再工作过，却在旧金山继续过着出手大方的生活。四伯祖张嘉璈任教于斯坦福大学，学校在他过世后，把胡佛研究所的一间阅览室题献给他。二伯祖张嘉森则继续为他创办的中国民主社会党①寻求支持。新加坡于1965年独立时，首任总理李光耀还邀请二伯祖到新加坡，协助他成立政府。

虽然我以爷爷和伯祖们为傲，但我不知道自己敢于向他们认同的程度有多少。他们都是张家的男人，而每当张家人谈起几个姑婆，也就是张家的女人时，都是称赞她们婚姻美满，嫁了个博

---

① 1946年8月，中国境内的国家社会党与海外的民主宪政党合并成立"中国民主社会党"。——译者注

学或富有的丈夫，以及在社交场合中具备文雅的应对技巧。张家女人被评断的标准，显然有别于张家男人。而我担心，这种标准会遗留在我这个从未到过中国的张家第一代华裔美籍女孩身上。

我认为张家人就代表中国人，并未在两者之间划分界线，也未曾发觉有多少事情对张家人而言是具备特殊意义的，譬如他们的尊严、他们的正义感。妈的娘家在中国也很知名，我在耶鲁大学的一个中文老师把她家比作"顺风威士忌"之家，因为他们改良了广受欢迎的茅台烈酒。尼克松总统于1972年初访中国大陆时，就是接受这种酒招待，但是妈家里的人很少像张家人那么爱讨论自家的传统。

虽然我希望自己能像几个伯祖那样功成名就，但爷爷奶奶只有一次在豪华的中餐馆里注意到我"像个小公主"一般坐得又挺又高时，才说过我是"地道的张家人"；再不就是称赞过我那长在"张家真传"脸蛋上的高额头。

张家长辈在与我哥哥说话的时候所表达的意思，显然清楚得多。哥哥小时候很早熟，大家都指望他成就伟大事业。爸妈还是白天要工作的研究生时，爷爷曾到剑桥市①的爸妈家探望过一次，他问四岁的哥哥说："你认识波士顿吗？"哥哥答说认识。

第二天早上，爷爷带着他搭乘地铁到波士顿市中心，他充满期待地看着哥哥说："好了，你走前边，带我领略下波士顿吧。"哥哥听了，露出狼狈的样子。爷爷说："我还以为你说你认识波

---

① Cambridge，位于美国马萨诸塞州，哈佛大学与麻省理工学院所在地。——译者注

士顿呢！"

"我认识呀！"哥哥抬头挺胸说，"是B——O——S——T——O——N。"

当时，爷爷对哥哥真是失望透了。事后，他经常把这故事当笑话讲给哥哥听，在我看来，他的语气中却总是深含哥哥没有达成张家期望的意思。

宝山老家的大合院有两个院子，前面开了四扇大门。"轿子事件"以后，我们搬到南翔一座面积小很多的合院，只有一个院子和两扇大门。可是我立刻就喜欢上新家了，因为后院的池塘中有个不常见的特点：一间船形的小木屋立在几根脚柱上，周围簇拥着莲花。以前这船屋被当作春天喝茶的茶亭，可是我们家小孩太多了，就变成孩子们的房间，其中一间给男孩住，一间给女孩住，还有一间给后来到家里教书的先生住。

搬家的时候，我七岁大。虽然二哥和四哥在日本留学，可是大概还有十七个人（包括大哥和三哥的妻小在内）同处一个屋檐下，所以家里有很多张嘴要喂。我们离开宝山的时候正逢年尾，通常那是老家大肆庆祝的时节，为了迎接丰衣足食的新年，用人们会在瓮里填满金币，在厨房堆满鸭肉、火腿、白米和食油。可是我们到南翔的时候，却一无所有。

搬到新家的第二天或是第三天傍晚，有个穿着粗布棉袍的用人疯狂地敲我们家大门，问爸爸是不是医生。

爸爸说是，那用人就解释说他是从邻近一个合院来的，他主人忽然病倒了，问爸爸能不能原谅他在年节期间登门打扰，到他家给主人看病。爸爸拿起外衣和医药包，就跟着那人出门了。爸爸治病的威力想必是好好发挥了一番，因为几个钟头以后，他回到家里把我们统统喊了出来，得意扬扬地从口袋掏出四块银元！全家人高兴极了，花了两个银元买横幅，留两元在家里准备迎新年。

所以，我们还算幸运地在南翔展开了新生活。所幸我们没离开老家太远，爸爸也就不必都招揽新病人上门。他在家里给大多数病人医病，不过也收起医疗费来了。爸爸离开宝山老家的时候太要强了，并没有要求分家产和租金收入，所以我们被迫自食其力，依靠新收入过活。起初，他觉得要开口向人要钱很难为情，可是那些相信我们家无辜的病人（张家遭窃的新闻很快就传遍当地）都乐于助爸爸一臂之力。在这以前，爸爸从来不必靠自己一个人挣钱来养家糊口。经济上的负担，加上离开母亲和兄长所承受的情绪压力，使他有时候变得易怒和疲累。说实在话，爸爸这段时间在生活上遭遇的困顿，恐怕是后来促成他早逝的原因。无论如何，我永远都不会忘记搬家后的头几年里，爸爸所保有的尊严。

根据中国传统，我们每年年初要拜见长辈。搬到南翔的头一年，六哥和我跟着妈妈到她父母家拜年。从我们的新家到他们家，大概要花半天的路程，沿途尽是颠簸的乡间小路。我还记得我们穿了什么。六哥和我穿着各自的第一套华丽衣裤,他穿藏青色,我穿大红色。等我们穿不下这两套衣裤以后,就给弟弟妹妹们穿。在我们家的经济状况恢复旧观以前,这两套衣服是孩子们穿过的唯一的体面衣服,谁穿着最合身,谁就可以跟着爸爸妈妈去拜访人家。

妈妈的父母为人非常亲切,我喊他们"外公""外婆",因为中国人把母系当作"外人",而从父系追溯血源。外公是个儒家学者,在当地教小男孩念古书,每天花好几个小时静思钻研。外婆依据外公的处事原则,以简朴持家,只穿布衣不穿丝绸,也很少把鸡鸭鱼肉端上桌,只摆上青菜。

爸爸和妈妈双方的父母亲是至交,爸爸没出世以前,两家就约定将来爸爸要娶妈妈。宝山的房子当初就是外公外婆卖给祖父的,所以他们听到我们从这房子搬走的消息,尤其是得知我们搬家的原因时,心里难过极了。外婆安详的态度变得焦躁不安,外公胃里也发出深沉的咕噜声,好像患了严重胃痛似的。

中国人认为惹父母操心是不孝之举,因此,当妈妈告诉外公外婆张家家庭不和,还有我们处境不如从前的时候,我很讶异。但是,没想到他们一面安慰,一面给意见。外公外婆说,妈妈对张家的责任在于弥合当下的嫌隙,而且端出儒家"五常"——仁(慈悲或仁爱)、义(正直或公道)、礼(规矩或端正)、智(智慧)、信(诚实)——力劝妈妈要对诬赖我们的大堂哥,特别是要对忠子心切的祖母行"仁"。

我们在外公外婆家住了三天，回到家以后，妈妈就把这些有智慧的话复述给爸爸听。

爸爸听了严肃地说："根据孔夫子的讲法，男人是家庭的榜样；推而论之，家庭又是国家和所有百姓的缩影。"

爸爸的意思是说，大堂哥诬赖他的儿子偷东西，等于是诬赖他本人。一个儿子令父亲蒙羞，也就是让他的家庭在众人和国家眼中颜面扫地。可怜的爸爸！

爸爸是个非常爱国的人，所以才为张家挑了"嘉国邦明"这几个字。他选这些字还有第二层意义，把两个音似形异的字换上去，即成"家国邦民"，那么这句子又有"由家至国再及于人民"的意思。

第二层意义得自传说中的尧帝所写的书。尧于公元前2357年即帝位以后，辉煌统治持续了七十年。据说这位仁君生下来的时候，眉毛上有八种不同的颜色。根据《尧典》的记载，尧帝先教化自己，成为家人模范，使家人都和睦相处；再和家人共同治理自己国内的人民，使民智大开；最后又和这些人民统一天下无数邦国，使所有民众都获得改造，结果是四海升平。[①] 当爸爸引述孔子的话，说一个男人是家庭的榜样时，心里一定想到了这观念。想必他一定非常难过，觉得自己好像没有尽到对家国的责任。

妈妈劝爸爸不要老是抱着这些想法。她说，爸爸应该考虑

---

① 原文为"克明俊德，以亲九族。九族既睦，平章百姓。百姓昭明，协和万邦。黎民于变时雍"。——编者注

祖母的感受，此外，或许宽恕大堂哥将使整个张家得以重叙天伦。爸爸装作没听见妈妈的话，摇摇头转身就走。不过，那天晚上他没看书。接下来几天，他待在房里沉思，甚至连饭都在房里吃。最后，他终于出现了。他把家人叫到身边，告诉大家他决定让步，我们要在重大节日回宝山向祖母请安，同时和他的兄长们一起祭祖。除此之外，我们将继续在南翔过自己的日子。

爸爸下定决心，不管家里经济状况如何，他都不会牺牲儿子的教育。所以爸爸用他在我们搬到南翔以后赚到的第一笔钱，聘来一位教书先生，要他和家中的男孩一起住在船屋上。爸爸晓得要为儿子的将来铺路，必备的条件是什么：兼具扎实的儒学底子和现代西学的训练。

从4世纪以来，中国男子就通过国家考试制度的选拔，来填补政府要职空缺。① 这些考试竞争激烈，省级的年年都有，在京城举办的数年一度。考试的科目通常是诗词和韵文，应试者总有两三千人。在过去的中国，要想取得一定的社会地位，和在政府里谋得一官半职，就必须熟读儒家经典。结果，许多出身普通地主和商贾家庭的年轻人，也可以进入政府。

不过，后来政府做了一些改革，大家认为这项悠久的考试制度太陈腐了，因此前些年就把它废除了。从19世纪下半叶以来，中国最优秀的学子都以公费（甚至私费）送往日本、欧洲或美国，

---

① 普遍观点认为，中国的科举制度起源于隋朝（公元7世纪），此前实行的官吏选拔制度包括世袭制、察举制、九品中正制等。——编者注

学习西方国家的典章制度。日本之所以也被当作西方国家，是因为它在19、20世纪之交打败了俄国。一个全新的考试制度登场，其中有专为归国留学生而设的考试科目。

爸爸很想让几个儿子先在家里跟着先生完成传统教育，再把他们送进教授西方学科的新式学堂，为将来到国外深造做准备。比方说，二哥和四哥从九岁或十岁起，就到上海广方言馆分别学习德文和法文。我们搬到南翔的时候，四哥正在庆应大学攻读财政和经济学，二哥也在早稻田大学修习法律和政治学。作为日本顶尖大学的学生，两个哥哥可以说已经踏上了在中国政府谋得要职的坦途。

而他之所以希望儿子中西学兼备，是因为中西学彼此有天壤之别。孔子把自己的学说远溯至公元前11世纪的周公时代，他的学说强调人要接受约束，譬如遵循作为社会准则的"三纲"，即君为臣纲、夫为妻纲、父为子纲。我兄弟上的儒学课程，也包括了我们固守的二十四孝。《孝经》记载了舜帝（公元前2255至公元前2208年统治中国）的事迹，是因为尽管他的父母几次想杀了他，他还是很尊敬他们。

五哥和后来六哥上的新式学堂已经采用不同的课程，其中包括地理、物理之类的科目，还教授"人人平等""工业进步""适者生存"这些观念。当初二哥坚决主张我的脚不该被缠起来的时候，就是想到了他所受的西学训练。

那个时候，中国新式学堂的主导者是梁启超，他把君主立宪和其他激进的观念介绍到中国。我还记得五哥和六哥排着队买他的报纸和文集的情形。二哥在日本的时候，就加入了梁启超组织的政党。后来，梁启超又成为我丈夫的老师。

每天早上，妈妈和厨师端着装了早饭空盘子的托盘，穿过船屋踏板回房以后，哥哥弟弟就开始上课，他们四五个人沿着一张长桌子坐成一排。偶尔，要是厨房不需要我们几个女孩帮忙，教书先生也没忙着教男孩们功课的话，我们姐妹就坐在旁边另外一张桌子前面等先生走过来。

我只读了点儿儒家经典里给小孩子念的书，比如前面提过的《孝经》，还有关于道德培养的《小学》。当然啦，我受的训练不如兄弟们那样严格，只是坐在课堂里抄了几遍入门书给先生看。哥哥弟弟们不只要抄书，还要记住《论语》和《中庸》里面的几百行文字。课堂里充满了他们尝试记住课文的朗诵声。当他们希望记住每段文字而匆匆念过课文的时候，朗诵声就变得愈来愈激昂；大家都渴望轮到自己朗诵。先生随时会点名要其中一人起来背书。

哥哥弟弟们也受到爸爸严厉的监督。每天早上爸爸穿衣的时候，会叫其中一人跪在一炷香前背书，一直背到那炷香烧完为止。八弟，也就是你爷爷告诉我，有时候他课文背得不熟，就跪在地上前摇后晃，一边背书，一边用嘴对着香哈气，这样香就会烧得快些。

你们西方小孩玩到五六岁才入学，可是我兄弟大概在四岁的时候就开始跟着先生读书了。而且年纪这么小，人家就指望他们的举止像读书人，所以他们不能玩玩具、射箭和娃娃兵，也不应当和某些人混在一起。例如，每次妈妈和朋友聚在一起搓麻将的时候，都会把兄弟们赶到房间外头，连最小的弟弟也一样。她不希望他们迷上赌博。此外，她们说，恐怕读书人会带给她们霉运，因为"读书人"这几个字和"赌输了"是谐音。

虽然哥哥弟弟都具备很好的气质，可是他们都还是孩子，还是好玩。张家还在嘉定的时候，有一回，妈妈经过屋外的厕所，听到吵闹的声音，就从窗户偷看，结果瞧见二哥和四哥趁先生坐着等他们上完厕所回去的时候，在茅坑上摆了块木板，掷骰子赌博。

"你们在那儿搞什么鬼？"妈妈从窗户这头大骂，"多丢人哪！还不马上回去上课！"

二哥和四哥赶紧冲出厕所，站在妈妈面前接受责备，羞得头都抬不起来。那天晚上爸爸回家以后，也大为光火，威吓说要他们第二天早上每人背诵五十首诗作为处罚。当晚，只有祖母插手解救这兄弟俩。

她提醒我父母，就算是最乖的小孩，有时候也难免误入歧途，就像伟大的哲学家孟子小时候一样。据说孟子的母亲注意到儿子在丧礼中玩耍，就把家从墓场附近搬走；后来看到儿子在店铺里荒废光阴，又把家从市场附近迁走；最后住到学校附近，才安下心来。

我不是个有学问的女人。看看我那一手中国字，就知道不是出自读书人的手笔，而且我有好多字都不认识。精通中文和精通英文不一样，如果我有学问的话，我就会用文言文写东西，那和中文口语是截然不同的。

不过，我学到了像为何必须遵从"三纲"这样的简单道理，以及必须对"五尊"（天、地、君、亲、师）怀有敬意。所以我才知道，我丈夫爱上他老师儿子的结婚对象时，是辱没了"五尊"里的"师"。

第五章

女子的教育

我小时候也听过很多爸和伯祖们求学时代的故事，它们在某种程度上交织在一起，让我以为尝尝做学生的苦滋味也不错。爸说，张家不再寄那么多钱给在日本念书的二伯祖和四伯祖后，两兄弟穷得不得不一次只买一本书，读完以后，还给书店，再买另一本；而且他们只买得起一条洗面巾，所以必须剪成两半来用。

我上学以后，虽然买得起任何我喜欢的包书纸，却是班上唯一用牛皮纸袋包课本的人。我的第一条洗脸毛巾，也是一直用到中间破了个洞才换，后来我把它贴在剪贴簿里作纪念，可见张家人自我牺牲的故事有多大的影响力。

爸告诉我，幼仪在20世纪70年代初刚搬到美国时，来过康涅狄格家里一次。事后她写信给住在旧金山的爷爷，为了我们家每个小孩都有自己的书桌和台灯这件事称赞了爸妈一番。当奶奶把幼仪的信读给爸听的时候，他非常得意，也松了口气。

每次我们去探望住在旧金山的爷爷奶奶时，他们都会交给我们一小件功课。有时候是要我们拜谒二伯祖和四伯祖的陵墓，有一次是派我们去中国城中央的一座桥，把刻在桥边围墙几块铜匾上的儒家"五德"抄录下来，我把其中的故事写在我用来画马的簿子里。我们抄写"五德"的时候，有位和爷爷年纪相仿的华裔老先生走过来说："很好，很好。这是你们必须知道的。"

妈也是教育家，我们总是趁她准备饭菜时在厨房做功课，她会就地取材给我们上一课，譬如讲到烤东西，就做分数加法。

我读初高中的时候，一放学就必须马上回家做功课，这样才可以在妈回到家后、吃晚饭前，问她任何（譬如微积分或几何方面的）问题。妈不会回答的东西，她就去问爸。晚饭过后，他们便要求我再多念点儿书。

有天晚上，妈上楼检查我用功的情形。第二天有微积分大考，为此爸妈已经花了整个星期帮我准备。妈上楼以后，发现我没有为第二天的考试温书，反而在计划要穿什么外出服。

于是她火冒三丈，说："你哪里有毛病啊？"她对我失望之至，考后几乎整个周末都没和我讲话。

1949年爸的家人离开中国大陆以后，他就住到日本，后来又住在巴西。去国六年之后，他进入长岛一家预备学校就读。身为校内少数华裔之一，他被冀望要有好的表现，结果他和学校唯一的非裔美国人果真以班上最优异的成绩毕业。

高中毕业后，爸进了麻省理工学院。他找了份差事，是在自助餐厅里收集食客用过的餐盘和托盘，然后堆成一摞送去清洗。有几个从香港来的男生曾经把食物倒在托盘上，故意给他弄得里面脏兮兮的。他们知道爸的家人在中国曾是何许人物，说爸只不过是为了好玩装穷。我问爸他被如此对待时做何感想。爸说，他把这整件事当作水过鸭背，不让它影响自己。

但愿我也有这样的适应力。爸妈由衷地相信，中国人如果不比外国人强的话，至少也是和他们平分秋色。每次爸那些耶鲁大学的同事自夸他们是"五月花号"乘客的后裔时，他只是温和地笑笑，一副被美国那尚属年轻的历史逗乐的样子。爸妈把非华裔都叫作"外国人"。

妈告诉我，她来美国以前，曾在杂志上看过外国人的照片，当时她心想：好丑啊！1949年她从中国搭乘"威尔逊总统号"汽轮到美国时，认为身边那些外国人长得硕大、多毛、苍白，活像鬼一样。搭船的头一天晚上，她和家人坐着吃晚饭时，看到邻桌的外国人正在享用蜜桃冰激凌。当时九岁的她和姐妹们听说西方的每样东西都比较大。

于是，她们一边指着隔壁的桌子一边说："看那几个蛮子吃的大荷包蛋！"

即使听了这些故事，我还是渴望被我那些白人同伴接纳。记得有一天我哭着放学回家，因为学校的小朋友取笑我，尤其是一个名叫道格拉斯的男生。

"ching-chang-chong"——老师一离开教室,道格拉斯就这样大喊。

"ching chong, wing"[①]——他在走廊、餐厅和校园里反复这么唱着。一天里只要老师没看到,他就跑下位子朝我扮鬼脸,用手把眼睛和鼻子捏得扁扁的。

爸教了我一招还嘴的办法,说是可以让道格拉斯永远闭嘴,一声不响地爬着走开。那是我说得出口的最难听的话,难听到我得向自己保证只说一次、下不为例才行。"你只要叫道格拉斯'你这白种王八蛋'就好啦!"爸面色不悦地说。我花了几分钟,才弄明白中文的"王八蛋"翻译成英文就是"狗娘养的"。爸解释说,很多雄龟会在某只雌龟下蛋之后,尚未孵蛋以前,让龟蛋受精。爸认为王八蛋已经够难听了,白种王八蛋是最难听的。可是我马上晓得这种侮辱方式对道格拉斯并不管用。

我从未告诉过爸,我后来并没有听从他的意见对付道格拉斯。我也从没告诉过妈,她在我向她大吐苦水时所做的反应,犯了多大的错误。一次,我告诉她学校的小朋友在我经过的时候大唱"ching chong, ching chong",妈就笑着说:"他们说不定只是想跟你讲讲中文,你应该替他们难过才对。你听,他们连是哪几个字都搞不对。"当我解释他们是在取笑我的时候,妈为难地皱皱眉头说:"依我看,不管他们是什么时候对你讲蠢话,你都应该转过去对他们说,'我敢打赌,你们只不过希望自己是像我一样

[①] 侮辱华裔的说法。——编者注

的中国人罢了'。"

那个时候，爸妈提供的忠告看起来天真得可以。如今我才顿悟到，他们是以设法引导和保护我为荣。

1909 年，二哥和四哥从日本学成归国。四哥接受了邮传部的一份差事，把薪水贡献给家里，也接掌了安排家庭预算的大权。他严肃地跟妈妈提起一桩和家计有关的事情：家里前途未定的孩子太多了。十二个孩子里面，有五男四女还没结婚，四哥建议妈妈应该开始郑重筹划女儿的将来。

于是妈妈把相命婆召来家里，给十四岁的大姐算命。因为她是最大的女儿，所以赶在其他女儿之前把她的婚事订下来很重要。相命婆看了大姐的生辰八字（从大姐的姓名和出生的时、日、月、年得来的八个汉字[①]）。妈妈和大姐跟相命婆谈完出来以后，都面露忧戚之色。大姐泪流满面，匆匆退回闺房。

妈妈平淡地宣布："大姐要好些年不嫁人，相命婆说她得等到二十五岁才能出阁，要不然丈夫会早死。"

我是二姐，就顶替了大姐论及婚嫁的位次。这就是我成为徐志摩结婚对象的由来。

几年后，也就是 1921 年，在我已经嫁给徐志摩，而且离开中国到英国与他团聚以后，大姐和我婆婆变得很亲密。当时还待

[①] 原文如此。实际上八字的得出与一个人出生的年月日时有关，与姓名无关。——编者注

字闺中的她,到乡下和我婆婆一起打发时间,要么带礼物给我婆婆,要么陪她打麻将,再不就讲些上海各色人物的故事给她听。1922年徐志摩同我离婚的时候,大姐二十六岁,还是自由之身。几个月后,我婆婆带着后悔的口气对妈妈说:"我们当初说不定应该娶大小姐的。"

婆婆讲这话并没有恶意。人的命运就是这么奇怪,也许大姐才是应该嫁给徐志摩的人。可是我晓得,要是这样的话,他们两人还是会离婚。第一,徐家不会欣赏大姐随兴花钱的习惯;第二,大姐根本不关心书本和学校教育,而徐志摩要的是有学养的女人。

相命婆给大姐看八字的时候,我大概十岁。在得知自己即将早婚的命运以后,我觉得无忧无虑的日子屈指可数。因为我一旦结婚,就得服侍丈夫的家人和生儿育女。

我想求学,可是妈妈说爸爸不会花钱给女儿读书。爸爸对儿子的前途高瞻远瞩,可是没有足够的金钱操心女儿的教育费。我想,要不是我们家变穷的话,爸爸就不必这么担心八个儿子的教育费,也可能会大方一点儿,给我请个先生,或者让我到我丈夫所爱的女人读的那种一流学校上学。

我的求知欲打哪儿来,我并不清楚。妈妈那个时代的女子,在离开娘家出嫁以前,向来都是大门不出、二门不迈的。搬去和丈夫、公婆同住后,孩子就一个接一个地生。女孩子家出外求学,是不可思议的事。有句俗话说:"女子无才便是德。"因为没读过书的女孩比较顺从夫家。

那个时候，我们家邻居有两个女儿读上海一所新式女校。每天早上，她们在赶火车以前，都先穿上制服：褐色的长裤配上同色无领衬衫。媒婆每年来我们家拜访的时候，都说两个姑娘才貌双全，总会有一个适合张家男孩。可是妈妈听了嫌弃地皱起脸来——她所有衣裳都有遮住脖子的高领子。"这么样把脖子露出来是不可饶恕的。"妈妈声明，"这两个时新女孩绝不能嫁给我儿子。"

我是家里四个女孩当中最在意教育的一个，从很早就是。大姐只在乎怎么讨人欢心和搓麻将，后来染上鸦片瘾。三妹喜欢食物和烹饪，所以她最胖。四妹在我们搬到南翔几年后才出世，现在是服装设计师，把主要心思放在艺术和设计上。在我们家经济状况改善以后，她每天都叫一位裁缝来家里给她做新衣。

我认为我想受教育的欲望，是来自我晓得自己生在变动时代这个事实，而且我非常崇拜二哥和四哥，又是家里第一个没缠脚的女孩。只大我两岁的大姐有双小脚，她对书本和知识完全没耐心。

我丈夫后来爱上的两个女人大概都只小我两岁，可是受的教育比我多得多，她们和我一样也没缠过脚。我想，从我这一辈开始，希望接受教育的女性之所以愈来愈多，是因为西方的风俗民情已为中国所知。

1912年，也就是我十二岁那年，我的小妹出生了。她是第十二个，也是最后一个小孩，家里需要我照顾她。我虽然默不作

第五章　女子的教育　　057

声地帮妈妈的忙,替四妹把饭嚼烂,在她玩的时候从一旁看守她,可是心里还是惦记着上学的事。

四妹差不多半岁大的时候,有一天,我在上海《申报》上,发现一所名为第二女子师范学校的苏州女校刊登的广告。上头说,学生头三年上课,第四年实习,教低年级的学生,毕业时可以领到一张小学师资证书。学校教的是新式西洋学科,顶好的是,一学期只收五银元学费,其中包含食宿费、书本费、零用钱,甚至还有假日往返苏州的火车票钱,便宜得教人不敢相信。我很肯定爸爸会愿意付这笔钱。

于是,我把这想法告诉妈妈。她听到学费的价钱以后,问我的第一件事是,学校制服有没有领子。我告诉她,广告上没提制服的事。妈妈就说,苏州太远了,她不会让我只身离家。苏州位于上海以西大约六十英里[①]的地方,以用特殊石头造景的园林和出美女名闻遐迩。有这么一种说法:皮肤光滑、讲话轻快的苏州姑娘,对男人可以予取予求。

我打定主意要找人陪我一起到苏州,结果总算说服大姐去上学。现在我已经不晓得当初是怎么说服她的了,她是个爱偷懒又对读书没兴趣的人,不过她还是非常同意去上学,反正她还有好长一段时间不会结婚,没有其他打发时间的办法。在得到妈妈许可以后,我去见爸爸,问他愿不愿意为我们付这家学校的学费。

爸爸老说教育女孩太花钱了,可是也没法抱怨这家特别的学

---

① 约合97公里。——编者注

校，因为学费太便宜了。送我们进学校，差不多比把我们养在家里省钱，我这么想。爸爸稍作考虑后，同意送我们去苏州。就在大事似成定局的时候，我才得知这家学校要求入学考试。

"我们怎么办？"大姐问我。我们只在家里跟着先生学过一点儿东西，觉得自己什么都不懂，可是我们非进这家学校不可，这是我们唯一负担得起的学校啊。

当时，我们的两个堂姐（二伯的女儿）已经在学，大姐说她们天资聪颖，说不定可以帮我们考试。

虽然我提议，我们说不定可以一起准备，可她却摇摇头。她上学只是为了陪我，可不想被迫读书。她说，如果没有一个堂姐要帮她考试的话，她一定考不过。

所以，爸爸再回宝山省亲的时候，就请求两位堂姐用大姐和我的名字代考。虽然我到今天仍旧不晓得，他为什么要向自己平日坚守的崇高道德标准让步，不过还是谢天谢地，爸爸退让了，堂姐们也同意了。我告诉大姐，我们至少应该尝试凭自己的能力通过考试，于是她和我也去应考了，不过用的是堂姐的名字。这么一来，要是考不过的话，也无伤大雅。

结果我们四人统统过关啦！大姐大笑起来，说她大部分答案都是猜的，我却大大松了口气。

后来，堂姐把她们的名字和名下得分让给我们在考试以后遇到的两个女孩。她们没有过关，所以非常感谢陌生人这样帮忙。我始终没弄清楚她们怎么应付在学校冒名顶替的事。

第五章　女子的教育　　059

我们离家那天早上,妈妈哭着差遣一个用人把我和大姐送上开往苏州的火车。到了校园,大姐就发起牢骚。

"地方这么大,"她说,她是裹脚的,"我怎么在这儿走动啊!"

大姐和我被安置在宿舍二楼的一间寝室,另外有四个女生和我们同寝室,其中三个人也和大姐一样裹小脚。她们四个老是埋怨校园太大,而我觉得校园其实很小。校内只有三栋建筑:宿舍、教室和餐厅。三餐吃得很简单,每餐都是在一张圆桌子中间摆上四五盘菜和一大碗白饭,十个同学一起坐在桌前用膳。大姐说,爸爸绝不会把学校这些厨子请到家里。她老是写信要妈妈寄吃的来,而我是有什么吃什么,因为我不想糟蹋爸爸每学期付的那五块银元。尽管学费这么低廉,我们还是有校服,大家把像围裙一样的蓝罩衫套在平常穿的衣服外头。我写信告诉妈妈,我们的脖子是遮着的,她看了很高兴。

学校大概有四十个女生,很多人都缠脚。她们大多数至少长我三岁,我才十二岁。我们上的课有地理、算学、历史和文学。老师都是男的,上课的时候拿着戒尺在教室里大步走来走去。他们虽然不打我们,可是每次一有学生背错课文,就用戒尺敲打课桌。我很用功,全校只有另外一个学生和我一样拼命,她也有一双没缠的脚。有一次她对我说,我们学校的学费太便宜了,所以老师必须宽待学生,要不然学生会走掉。

学校的课是早上八点开始,我们七点起床,整理床铺,穿上校服,匆匆忙忙吃早饭,穿过小小的校园走到教室,在老师到达以前预习功课。我总是替大姐拿书,而且想办法配合她碎碎的步子。看大姐走得这么痛苦,我就难过;可是她很多方面都过得比我轻松,因为老师对她比较宽宏大量。虽然我不明白原因,可是学校老师好像对缠了脚的女生不那么严格。大概是他们认为这些女孩观念守旧,没有学习能力吧。

大姐虽然聪明,可是从不读书。她好像老在替朋友做东做西,甚至清洗或是缝补她们的衣服,而不是看着课本。每次她在课堂上答错问题,老师都说:"哦,没关系。"可是,如果我答错了,老师就会敲着戒尺说:"怎么会是这答案?"

大姐跟我太不一样了。她从不担心将来,而我总是想到明天,而且认为功课和游戏一样重要。我离婚以后不久,大姐终于结婚了,她挑了个家庭背景不稳、完全没读过书的阔少爷做对象。当时我住在德国,写信告诉她,这不是个好主意,要是钱花光了,就什么也没的依靠了;她说他的钱多得永远都花不完(他家在上海拥有很多商业地皮和一家戏院)。后来他们大概过了十五年好日子。大姐生了个健康的儿子。她的丈夫不赌钱。他把一堆地契收在靠墙而立的大衣柜顶上,每个月租金一进来,就把成袋成袋的现金扔到柜子里。

1937或1938年的一天,大姐跑来见我。那时我担任上海女子商业储蓄银行副总裁,在银行最后头的地方,有张可以综观全局的办公桌。大姐用她那双小脚蹒跚地穿过整间办公室,泪眼汪汪地坐在我面前,说早先她不敢告诉我,她丈夫去年像疯子一样狂赌不休，玩的是一种用三十二张骨牌做赌具，名叫"推牌九"的消遣。起初他还赢钱，可是现在开始输钱了。每次他一赌输，就到衣柜拖出一袋钱，丢到赌桌上再开一局。她和儿子都阻止不了他。家里的钱已经教他花光了，他就开始拿柜顶的那些地契。有个相命士告诉过她，等到最后一张地契也去了的时候，她丈夫就会死掉。

大姐希望我从他手上把地契要来，存在银行保险箱里。平时我是不会介入这种事情的，可是打从我们一起上学的时候起，我就习惯对大姐有所照顾，而且我一向担心她丈夫，始终认为他不适合她。

于是我去找大姐夫，告诉他我要衣柜上面剩下的那些地契。他不肯给，说他需要用这些地契来支付姨太太女儿的教育费。虽然我并不相信他，可还是点点头，假装信以为真。一个星期以后，我又回去找他，骗他说我已经替他女儿付了学费。

"至少给我一张地契，"我坚持说，"那是最后一张地契，你不可以动用，我要放在我银行里。"

他并没有查证我编的故事是否属实，就给了我一张地契。但几个月后，他出现在银行，看起来又憔悴又虚弱。"我非要最后那张地契不可。"他说。我知道他不达目的是不会离开银行的。最后，我把地契给了他。谁能和这么一个扬言要自尽的人争辩呢？事后不久，他就在睡梦中死去了，正如替大姐算命的人预测的结果。这么说的话，谁知道呢，或许大姐的命运还不如我吧。

第六章

腊雪寒梅

我十一岁的时候（早在我与男孩约会或亲吻之前），曾经梦见一名留着棕色卷发的年轻白人走进我房间。

他大步走向我坐的躺椅，拥我入怀，以柔软丰润的吻环抱着我。我把自己交付给他，热烈地回吻。接着，心里起了某些变化。我鼓起全副自制力，坚定地将他推向房门。

"不行，我非嫁给华人不可。"我说。

梦醒之时，我两颊泛红，神智大清。此后，脑际再三萦绕着与那白人亲吻的一幕，那让我抛开一切、获得解放的一刻。与他拥吻是多么令人心旷神怡啊！我十一岁的想象世界从未经历过这样的自由和喜乐。虽然我并未停驻在梦境的另外一面，而是把那男子推开，却已然感受到那种冲突。

我一向认为爸妈十分新潮，他们的朋友都不是华人，说起英语字正腔圆。可是，我在成长的过程中，却从他们身上接收到我应该设法嫁给华人的讯息。

每当我欣赏家中一些字画，或是温柔地拭去客厅里几件东方家具上的灰尘时，爸就会说："等有一天你妈和我都去了，这件东西就给你……如果你嫁给华人的话。"他进一步解释混血和纯正血统的问题，把人说得像狗一样。为了继承张家血统，生出纯正的华裔小孩，我非嫁给华人不可。

每次爸讲到血统和种族纯净的事情，妈就会不自在地咯咯笑，安慰道："别听你爸的，你爱谁就嫁谁吧！"

不过，妈可从来没说过我们家小孩"不应该"和华人结婚。我相信她期望看到两全其美的结局：我们的结婚对象既是我们所爱之人，又正好是华人。我们，指的是我哥哥和我本人，姐姐自从早年迷上《无敌金刚》（*The Six Million Dollar Man*）中的大明星李·梅杰斯（Lee Majors）和其他美国演员之后，就把自己排除在非华人不嫁的行列之外了。

"她真是没指望喽。"爸对于姐姐嫁给华人的可能性下了这样的评语。所以，家里两个女孩当中，就剩我能继承张家血统，生下纯正的中国小孩，不让我们的血统和任何非华裔人士相混。

爸妈总是说，"价值观接近"是维系他们婚姻的关键。我在成长的过程中，从未真正了解他们说这话的意思。就我所知，爸妈之间的差异颇大。虽然两人都才智双全，但是爸处理问题的方法是慢条斯理、深思熟虑，妈却是速战速决、全凭直觉。爸生起气来好像掀起一阵狂风骤雨，十分钟后就忘了；妈却会生上几天，甚至几个星期的闷气。爸来自香港和上海这两大都市，妈出身于中国西部多山的省份贵州，那儿以穷苦和落后著称。由于贵州本地不产盐，所以上海人喜欢开玩笑说："贵州佬非得在桌上吊块盐巴不可，边吃饭边看，咂摸滋味儿。"

纵然有种种差异，他们还是深切分享彼此的价值观，并在教育我们的过程中，把他们的价值观传递给我们。举例来说，为了教导我们守纪律，了解时间的重要性，以及精益求精带来的好处，爸妈要我们每天练乐器——我和哥哥弹钢琴，姐姐拉小提琴。一星期每练一小时乐器，就可看半个钟头电视。有客人来访时，爸妈就要求我们表演给他们看。

爸有个生活理论，那就是每件事情都会依循往例进行，碰到某些关键时刻才会出现例外，如果没有适当运用这些时刻，或在这些时刻做明智的抉择，那个转捩点就会一去不复返了。这理论可以应用于规划职业生涯，追寻精神生活的方向，当然也可以应用于择偶。所以，就算我把克林特·伊斯特伍德（Clint Eastwood）和肖恩·康纳利（Sean Connery）当作梦中情人（而且暗中喜欢他们的体毛），我始终认为，当那关键时刻来临之际，我还是会做正确选择。我会把不是华人的那个家伙推开说："不行，我非嫁给华人不可。"

虽然我的确想嫁给华人——目的在于做个乖女孩，尊重父母的愿望——但我在开始约会的时候，并未限制自己只与华人交往。我二十一岁那年深深爱上一位非华裔男子,可是,当我与他断绝关系,并用梦中那几个字宣告"我要嫁给华人,好让我父亲高兴"的时候,连自己都大吃一惊。

虽然从来没有人(包括爸在内)这么要求过我,但我对这种期望的感受太强烈了,以至真的以为如果我做了牺牲,我就会变成更坚强、更幸福、更满足的人。然而,我却觉得自己被撕裂成两半,比过去更不确定自己可以找谁来爱。

我头一次听到我丈夫的名字,是在十三岁那年。爸爸妈妈在我放假从学校回家的时候,把我叫到客厅,交给我一只小小的银质相片盒。

"这是做什么用的?"我想知道。

他们说,看看他的相片。我打开盒子,瞧见一张年轻人的照片,他的头大大的,下巴尖尖的,还戴了副圆圆的金丝边眼镜。

爸爸想知道我对照片里那个人的看法。

我一言不发地盖上盒子。自从大姐算过命以后,家人一直期待这一刻的来临。我转向爸爸,小心翼翼地回答:"我没意见。"

根据中国当时的传统,情况就是如此:我要嫁给家人为我相中的男人。

他叫徐志摩,是四哥帮我发掘他的。四哥在担任浙江都督秘书的时候,有一部分公务是视察当地学校。几个星期以前,他到杭州府中学堂①视察的时候，对其中一个学生的作文印象极为深刻。这篇文章题为《论小说与社会之关系》，将梁启超的文笔模仿得惟妙惟肖。梁启超是当时中国重要的知识分子之一，也是二哥的朋友兼同僚。四哥后来告诉我，他翻过数百份模拟梁启超文章的学生作品，但此前没有一篇捕捉到他文字间那种优雅的文白夹杂风格。

这位年轻作者的书法也透露出不凡的才气。四哥细看他写的每个字形，留意到字"骨"——也就是笔法的劲道，或是毛笔每写一画、一钩、一折时在纸上所用的力量——显示出他有坚定的目的和方向；"字"气——也就是字的自然神韵，这种神韵只有在一个人受过几年书法训练以后，适时摒弃所学才能达到——表达出他的眼光和操守。

四哥打听了这位文章如此令他难忘的年轻学子的来历，得知他是当地一个有钱好人家的独生子。四哥无须知道更多，当天晚上就寄了封署本名张嘉璈的介绍信给徐家的当家，提议徐志摩与我成亲。信寄出去没多久，徐志摩的父亲就亲自回了封短笺，同意了这门亲事，因为四哥在当地已经博得声望，而且恢复了我们家家境富裕、受人敬重的名声。徐志摩父亲的短笺写得很简单："我徐申如有幸以张嘉璈之妹为媳。"这就是徐志摩和我订婚的由来。

我和徐志摩结完婚，在婆家住了几年以后，有个用人告诉我

---

① 后先后改名为浙江官立第一中学堂、浙江省立第一中学校。——编者注

徐志摩第一次看我照片的情形。他把嘴角往下一撇，用嫌弃的口吻说："乡下土包子。"

所以呀，他从一开始就不喜欢我。可是就算后来他思想变新了，他还是不敢反抗传统。所以，他听从父命与我结婚。

那时候在中国，父母为我们挑什么对象，我们就和什么对象结婚，这是孝顺的另外一种表现，说不定也是最极端的表现：循规蹈矩的年轻男女为了表示完全服从，就依父母的愿望互订终身，直到结婚之日才彼此相见。《礼记》记载："昏礼者，将合二姓之好，上以事宗庙，而下以继后世也。"

这种婚姻并不表示夫妻之间没有爱情，他们的爱情是婚后才来的。先对公婆、夫家和配偶尽义务，爱情就会跟着来。

你可能会认为你们两方那种两个人互相挑选的"自由恋爱"传统，才是比较聪明的交友方式，可是我不同意这看法，因为年轻人会失去理智。我认为时下你们这些年轻人一开始花太长的时间认识对方的一切，一直搞到没办法把对方的优缺点分开，然后又决定不结婚，这就是"自由恋爱"的问题。没有人是十全十美的嘛！

中国人是这样，父母心里惦记着儿女的最大福祉。比方说，我父母把替我挑选丈夫的责任托付给四哥，我也信任四哥的决定。我想，这个责任平常是落在大哥身上，可是自从珠宝失窃事件以后，他意志极为消沉而求助于鸦片，结果大家不放心他做同辈的主事，所以这件工作才落到四哥头上。四哥替我物色丈夫的方法

张幼仪：坏婚姻是所好学校

李筱懿 作家，自媒体人

一次陪女友相亲，说起该男的种种情况她一直微笑颔首，情况急转直下是从得知该男早年酷爱写诗开始。

女友大惊："写诗？早说！写过诗的有几个人靠谱？哪个诗人的感情不是拿别人的情感当垫背的一路练手过来？不要！不要！"说罢，拎包而逃，走了老远还在咕噜："不靠谱！不靠谱！"

早知诗人的爱情如此不靠谱，当年张公权还会给徐申如写信，提议把自己的二妹张幼仪许配给徐的儿子徐志摩吗？

古往今来，婚姻状况差得过张幼仪的女子恐怕也没几个。

梁实秋曾描写徐志摩："他饮酒，酒量不洪适可而止；他豁拳，出手敏捷而不呦呦逼人；他偶尔打麻将，出牌不假思索，挥洒自如，谈笑自若；他喜欢戏谑，从不出口伤人；他饮宴应酬，从不冷落任谁一个。"

但是，随和潇洒的诗人对待自己不爱的结发妻子，冷漠残酷极了。

婚后四年，他们相处的时间加在一起大概只有四个月，都是在他的徐志摩的衣服和棺材都换成西式的，她坚决拒绝。

至于他生前的"女神"林徽因，则遣梁思成拿回一块飞机残骸，永远地挂在卧室。

和那些他爱的女子不同，她或许不够有趣，却诚恳务实；她或许不够灵动，却足以信赖；她或许不够美丽，却值得托付。

婚姻的神奇之处在于点金成石，温柔被经年的婚姻一过滤便成了琐碎，美丽成了肤浅，才华成了卖弄，浪漫成了浮华，情调成了浪费，很难见到夫妻多年还能够彼此欣赏相互爱慕，即使恋爱炙热如徐志摩陆小曼，婚后一语不合也烟枪砸脸。

糟糕的婚姻可怕吗？它不过像一所学校，你在其中经历了最钻心的疼痛、最委屈的磨炼、最坚韧的忍耐、最蚀骨的寂寞、最无望的等待。以这样饱经考验的心面对未来，还有过不去的坎吗？

最怕永远面对的是过去，背朝的是未来。

在她去世八年后的1996年，她的侄孙女张邦梅为她撰写的英文版传记出版。书中，她这个从婚姻中突围并升华的女子坦陈："我要为离婚感谢徐志摩，若不是离婚，我可能永远都没有办法找到我自己，也没有办法成长。他使我得到解脱，变成另外一个人。"

她长眠在纽约绿草如茵的"芳诺依福"（fernoeiff）墓园，墓碑上刻着她最终的名字：苏张幼仪。梁实秋在《谈徐志摩》一文中评价她："她沉默地、坚强地过她的岁月，她尽了她的责任，对丈夫的责任，对夫家的责任，对儿子的责任——凡是尽了责任的人，都值得尊重。"

女友放弃了烂漫的诗人，最终选择了一个厚道的男子，祝她幸福。

中，丝毫看不出那个写出"我是天空里的一片云，偶尔投影在你的波心"的诗人式的浪漫与多情。

看着他避之不及地逃离，你会以为她是多么不堪的女子，可是，恰恰相反，在这段婚姻里，他才是真正高攀的那个。

她家世显赫，兄弟姐妹十二人。二哥张嘉森在日本留学时与梁启超结为挚友，回国后担任《时事新报》总编，还是段祺瑞内阁国际政务评议会书记长和冯国璋总统府秘书长。四哥张公权二十八岁即出任中国银行上海分行副经理，是上海金融界的实力派。

为了让她嫁得风光体面，在夫家获得足够的地位与重视，她的娘家人用心良苦，特地派人去欧洲采办嫁妆，陪嫁丰厚得令人咋舌，光是家具就多到连一列火车都塞不下，是她神通广大的六哥安排驳船从上海送到海宁硖石。

至于他，不过是硖石首富徐申如的儿子，想拜梁启超为师，还要通过显贵的大舅子牵线搭桥。

可惜，所有的努力都无法让他爱她，哪怕只是微乎其微的一点点。

只是，不爱一个人是一回事，肆意伤害一个人却是另外一回事。

嫁给一个满身恶习、拳脚相加的无赖，算不算坏婚姻？充其量是遇人不淑吧，坏在明处的人伤得了皮肉伤不了心。

但他不同，对别人是谦谦君子，唯独对她，那种冷酷到骨子里的残忍不仅让人心碎，更是让人对自身价值极度怀疑与全盘否定：自己果真如此不堪吗？自己做什么都是错的吗？自己没有别的出路吗？

同时代的女子，朱安一生坚守，把自己放低到"大先生"鲁迅的尘埃里，却始终没有开出花；蒋碧薇果决了断，却在不同的男人身边重复了同样的痛苦，落得晚景凄清；陆小曼不断放纵，沉湎于鸦片与感情的迷幻中，完全丧失了独自生存的能力。

唯独她，这个当年被丈夫讥讽为"小脚与西服"的女子，一边独自带着幼子在异国生活，一边进入德国裴斯塔洛齐学院读书，虽然经历了二儿子彼得的夭折之痛，但离婚三年之后，徐志摩在给陆小曼的信中再次提到这位"前妻"时，却赞叹："一个有志气、有胆量的女子，这两年来进步不小，独立的步子站得稳，思想却有通道。"

得到那个曾经无比嫌弃自己的男人的真心褒奖，是多么艰难的事，华丽的离婚分割线之后，她的人生开始有了鲜花和掌声。

她出任上海女子商业储蓄银行副总裁，借助四哥张公权的人脉关系，使女子商业储蓄银行走出困境。

曾经，她心底最大的遗憾是没有接受良好的教育，没有系统地学习过新派的知识，不能像他爱恋的女子那样既渊博又俏皮，如今，她立志为自己弥补这个遗憾。

离婚后她的经历简直像一部励志大剧。

人生为她关上了婚姻的大门，却打开了事业的窗口，她在金融业屡创佳绩，在股票市场出手不凡，甚至，她创立的云裳时装公司还成为上海最高端、生意最兴隆的时尚汇集地，陆小曼、唐瑛等当时的名媛都在那儿做衣服，虽然她们的人生和她的完全是两个方向。

1953年，独自尽完上孝父母、下抚儿子阿欢的职责之后，一位名叫苏纪之的香港医生向她求婚，她征求儿子意见，阿欢回信：

"母职已尽，母心宜慰，谁慰母氏？谁伴母氏？母如得人，儿请父事。"

曾经怎样的付出，才会赢得儿子在再婚的敏感问题上如此善解人意的支持？如果人生是一颗秀逗糖，她已经尝完了酸涩的外壳，开始感受甜蜜的味道。

匪夷所思的是，离婚之后，她与前夫的关系反而得到了改善，他们终于在另外一种关系中找到了平衡和默契。

因为阿欢和徐家二老，两人经常通信见面，像朋友一样交往，她十五岁嫁给他，为他操持家务、生儿育女、孝敬高堂，他对她虽然没有爱情，却在她漂亮转身之后有了尊敬。

她对他，一直是剪不断、理还乱，抚育着他们共同的孩子，照顾着他的父母，关心着他的点滴，报刊上关于他的报道，她看到，便精心地剪下来，压到办公桌的玻璃板下，犹如当年在庭院深深的徐家老宅里，耐心地绣花。

而他，则在她的云裳公司中出资入股，把自己的朋友介绍给她担任公司的服装设计。1931 年 11 月 18 日，他来到云裳时装公司，拿他定做的衬衫。得知他第二天要搭乘中国航空公司的邮政飞机返回北平，她心中不安，劝他不要坐这种免费飞机，他大笑着说：不会有事的。

她不知道的是，他已经在外面流浪了好几天，因为和陆小曼吵架，他被他的爱妻用烟枪砸掉了金丝眼镜，当然，她更不会知道，这是他们最后一次见面。

11 月 19 日中午，大雾弥漫，他搭乘的飞机在济南党家庄附近触山爆炸，机上连他一共三个人，无人生还。

噩耗传来，陆小曼哭死过去，拒绝承认现实，还把报噩耗的人挡在门外。无奈中，送信的人只好去找她这个前妻。她以一贯的冷静对事情做了妥帖安排：让八弟陪十三岁的阿欢去济南认领遗体。公祭仪式上，陆小曼想把假期。

空旷的院子里,他伸长了腿坐在椅子上读书,时而自言自语,时而颔首微笑,她在他旁边默默地缝补东西,心里期待和他说上一句话。可是,他宁愿招呼仆人,也不对她说半个字,那时候她年轻,胆怯,于是,更加沉默地咽下绝望。

她到法国马赛看他,他穿着黑色大衣,围着白色的丝质围巾,虽然她从来没有见过他穿西装的样子,还是一眼就从人堆里认出了他。因为,"他是那堆接船人当中唯一露出不想在那儿的表情的人",她的心凉了一大截。

在国外,他总对她说"你懂什么,你能说什么"。飞往伦敦的飞机上,她因眩晕而呕吐,他嫌弃不已:"你真是个乡下土包子";他冷酷地要求离婚,完全不顾她已经怀孕,她说:"我听说有人因为打胎死掉了。"他答:"还有人因为火车事故死掉呢,难道你看到人家不坐火车了吗?"

她在德国生下二儿子彼得,身边没有一个人照顾,他却追到柏林要求离婚,还写下了那句著名的"无爱之婚姻忍无可忍,自由之偿还自由"。

当她提出想征得父母意见之后再离婚时,他急了,他一迭声地说:"不行,不行,你晓得,我没时间等了。你一定要现在签字,林徽因要回国了,我非现在离婚不可。"直到那一刻,她才知道自己丈夫真正爱的人是谁。

最终,她成全了他。她在离婚协议书上迅速地签好字,眼神坦荡,把离婚协议书递还给他说:"你去给自己找个更好的太太吧!"

他欢天喜地地道了谢,提出要看看刚出生的孩子。他在医院育婴室的玻璃窗外看得赞叹不已,丝毫没有想到刚产子却遭遇离婚的她该如何养育他的亲生骨肉。

他成了民国历史上"文明离婚"的第一人。不过,在这个残酷的过程很普通。我们不必知道徐志摩的身高，或是他家有二十个还是一百个用人，只需要晓得他家的声望、他的受教育程度，还有他的性情。这三件事必须调查。要知道的就是这些。

举个例子讲，你爸爸1961年决定娶你妈妈的时候，我们张家没有半个人认识她。那时候，八弟，也就是你爷爷，住在巴西，也从没见过儿子的结婚对象。他只知道儿子的未婚妻在大学里念生物，并且出身贵州的华姓家庭。这家以改进茅台酒而知名，那正是我们小时候祖母常喝的酒。八弟还晓得儿子未婚妻的父亲在纽约联合国任职。所以，他知道的是她家的名声和她的受教育程度，还必须打电话问我她的性情如何。我是第一个和你妈妈，还有她家人见面的张家成员。有一年夏天，他们离家到香港观光，当时我还住那里，就在太平山顶附近的家里招待他们，仔细观察你妈妈的举止、坐相、倒茶的姿势，还有跟我和她父母应对的方式。她嘴巴很甜，脾气也很温和，我把这心得向八弟报告之后，他很满意。

大家都称我是家庭密探，因为我认识很多人，而且总是尽可能想办法发掘与其家庭有关的事情。我孙女就是通过我和她丈夫认识的，我和他那个风姿绰约的妈妈打过麻将，所以我知道他俩是天造一对、地设一双。你爸妈的婚姻也很稳固。如果你或是你哥哥、姐姐想见什么人或认识什么人的话，就来问我。好姻缘是很难凭自己的力量找到的。

在家人考虑正式为我和徐志摩订婚以前，得先找个相命的人来家里合我们的八字，看看我们是不是相配。我坐在妈妈和相命婆中间，忐忑不安地等着聆听我和徐志摩未来的命运。

相命婆盯着她的相命图。

"我喜欢这家人，"她说，"是非常好的人家。"

她端详着那张相命图，开始给妈妈解说出生年份里的玄机。徐志摩生于1896年①，比我大四岁，生肖属猴。唐朝有位皇帝派唐僧到印度取佛经的时候，挑了孙悟空这只猴子同行，好完成这项重大任务。这迷人又逗趣的猴子，是第一个被佛教徒崇奉为神的动物。可是相命婆说，猴子也可能变得狡猾和丑恶。

我的生肖是鼠，象征勤劳与富足。老鼠是专捡烂东西的动物，它们会寻找、获得、囤积丰富的食物。不过，老鼠也可能出现胆小和吝啬的行为。

相命婆深吸一口气，直截了当地向妈妈说明。"我必须告诉你的是，属鼠的和属猴的人在这门亲事里不配。"她宣称，"要是你女儿属狗就好多了，狗是忠实的象征。"

妈妈不安地说："我这两个最大的女儿，老大要到二十五岁才能结婚，老二又和男方不配。"

我差点儿听不下去她们两人的谈话。我想知道出了什么岔子，但不敢打扰妈妈和相命婆。是我哪里有问题吗？还是徐志摩哪里

---

① 徐志摩出生于清光绪二十二年（农历丙申年十二月十三，按公历计算，应为1897年1月15日），见《徐志摩传》第32页，韩石山著，北京十月文艺出版社，2004年4月第2版。——编者注

有毛病？相命婆说我们不配，是什么意思？

妈妈摇摇头，差点失去耐心地看着我说："我们怎么办哪？你们当中总有一人非赶快嫁掉不可。"

妈妈沉默良久以后，才耸耸肩膀，摆出一副认命的样子说："我们得做我们该做的事。"结果相命婆把我的生肖从鼠改成狗，生年也从 1900 年改成 1898 年，然后宣布这门亲事是天作之合。我家人把这消息送到徐家，略而不提我的生肖被篡改的事。一个星期以后，徐家把象征婚姻坚贞不渝的一对鸳鸯送到我家门口，家人接受了这份礼。这就是正式订婚了。

围绕在我婚姻中的不幸，是我这一生的一大未解之谜。我始终纳闷，那个相命婆在把我的生肖改成狗以前，到底从相命图上看到了什么噩运？她事前就知道我们会离婚吗？而且我从来都没搞懂，为什么相命婆帮大姐算命的时候，妈妈听了她的话，轮到给我算命的时候，妈妈就没听，难道她认为我嫁给一个不适合的对象没关系？徐志摩和我不顾相命婆的不祥预测而结婚，是命运使然吗？

我不敢说人逃脱得了命运。看看我大姐的遭遇吧。谁晓得呢？说不定她的相命图上有个阴魂不散的鬼呢。

妈妈又单独向相命婆请教过一次意见以后，结婚日期就定在一年半以后，也就是 1915 年 11 月。根据中国传统，徐志摩和我要到那天才会第一次见面。

徐家希望等到徐志摩中学毕业以后再举行婚礼。我还有一年半才毕业，然后要再等一年，才会拿到小学师资证书。可是徐家和我父母都不把我上学的事放在心上。我父母告诉我马上退学准备婚礼的时候，徐家也没表示任何意见。

"女孩子家读不读书无所谓。"他们说，"女孩子家活着就是为了结婚，你得留在家里准备接受命运的安排。"

我喜欢学校，而且我知道徐志摩很有学问，所以我想把书念到我结婚那天为止。我花了好长的时间才说服我父母让我再回学校一年。他们答应我回去的主要理由，是让大姐在二十五岁生日以前（还有些年头）有事情可忙；而且除非我也上学，否则大姐不愿意去学校。

在定亲之后、结婚以前，我又回学校上了一整年的课，不幸的是，老师变得懒得管我，要是我答错问题，也不想费心纠正我。我记得，连教学严格、一度把我视为得意门生之一的算学老师，和我说起话来都是一副教我什么都无所谓的调调。他晓得我会很快离开学校。因为学生们总是订婚以后就退学了，我是极少数几个订了婚还返校读书的人之一。我想，许多女孩会被送到我们学校，只是为了让家人可以说他们的女儿读过书、受过教育罢了。事实上，同学里没有一个继续完成学业变成老师的。我们都嫁人去了。

我9月离开学校回到家里，距我结婚的日子还有两个月时间。

自从四哥由日本回国以后，我们家的经济状况大为改善，虽然我不认为我有必要这么早结婚，可是因为程序差不多在一年以前就已经展开，所以想躲也躲不掉了。

六哥被派去欧洲监督嫁妆的采购。四哥断定，红木或是乌木制的中式家具做我的嫁妆还不够。当时上海最有钱的中国人，也就是那些与通商港埠的外国人打交道而致富的人，家里和办公室都有西式家具。六哥带回来的一些家具，看起来好像直接从专门介绍洋货风尚的杂志上面跑出来的一样，包括一张鼓鼓的沙发，一张带垫脚凳的扶手椅，一座玻璃陈列柜，还有一张带五个大抽屉、尺寸适合高大西方人的橱柜。

我的嫁妆体积大到我没法子带着整批东西到硖石。事实上，里头的家具多到连一列火车都塞不进去，结果六哥不得不从上海用驳船送过去。运送嫁妆是件艰巨的工作。家具一到硖石，还得一件件搬着穿过镇上的大街，目的是炫耀徐家新娘的财产。六哥雇了几名特别的差役负责搬运。他们在箱子里摆满刺绣亚麻织品，在玻璃柜里放满精致瓷器，给餐桌铺上上等亚麻桌布，又摆上双人份的碗、盘、茶杯、汤匙、筷子，甚至还放了一只插着一朵红花的花瓶。然后，他们用最好的红丝绸把精致的餐具绑在桌上，好让搬运工抬着这些依照徐志摩和我将来使用方式布置的嫁妆穿过大街。

硖石从没发生过这种规模的大事，我的嫁妆从驳船搬出来的时候，镇上的人都排列在街道两旁啧啧称奇。六哥一路上跟着家具走。他是第一个踏上硖石的张家人，一到那儿就寄了封信告诉爸爸妈妈，说徐家是"猪群里的一头牛"。意思是，徐家的确有钱，而且受镇民尊敬。我们也大大舒了口气。曾经我们唯一确知的是：徐志摩写了篇好文章。

六哥回南翔以后，我们对我未来的婆家有了进一步的认识：徐家在硖石住了好几代，我未来的公公是个极为成功的企业家，镇上的人都称他"硖石巨子"，因为他好像什么生意都做。他有一座发电厂、一个梅酱厂、一间丝绸庄，在上海还有一家小钱庄，又是硖石商会会长。跟我们家不一样，徐家从没碰到过经济上的困窘。

至于我未来的丈夫是个什么样的人，六哥目光炯炯地说，他才气纵横，前途无量。

徐志摩从四岁起就开始跟着一位私聘名师学古文，而且很早就表现出在这方面可堪造就。他十一岁进入一所教授西洋学科的新式中学就读，同学都叫他"神童"，他也因优异的学业成绩当上班长。

六哥说，徐志摩的志向和气魄都不同凡响。他十五岁的时候已俨然是个成人学者，用人都毕恭毕敬地喊他"少爷"，也就是他们的"小主人"。他从杭州府中毕业后，他父母希望他到北京读几年大学，再到国外深造，以备将来回国后到政府或他父亲待的金融界谋出路。

当然，我很高兴听到这消息。我以为自己嫁了个和我哥哥一样思想先进却不失传统，拥有一套坚定价值观的男子。我期许他负笈海外，回国以后在政府部门里谋得一官半职，光宗耀祖。

我本来应该跟着和嫁妆规模一样盛大的送亲队伍到硖石，可是六哥认为那样太危险。镇上的人为了看一看、摸一摸嫁妆里的家具和瓷器，互相推来挤去，差点把那些东西给掀了。一向务实的爸爸和四哥决定，我应该舍弃在硖石仪式性的登场，毫不声张地先一步抵达硖石。所以，婚礼前三天，我就登上开往硖石的火车，一副只是离开去度个短假的模样。

我穿上平日穿着的衣服，和一位已婚的堂姐同行，不过还是难掩当新娘子的兴奋之情。我新家所在的硖石，地名的意思是"多石的峡谷"，坐落在浙江省的东山和西山之间。浙江是中国面积最小的一省①，也是人口最为稠密、人民最为富庶的省份之一，又是著名的龙井茶之乡。据说，这驰名的山中胜地出产的纯净矿泉水，沸点比常规高出几度，可以将当地种植的龙井茶叶冲泡出最甘美的味道。

我从火车车窗向外凝望，想把这趟旅程烙印在记忆深处。水稻梯田和头戴斗笠的农夫向着在褐色和紫色阴影中起伏的麦田和棉田退去。铁路两旁桑树夹道，从叶隙望去，天空看起来斑斑点点；树下有灵巧的年轻姑娘将桑叶采下喂蚕。我把头伸出窗外，

---

① 这是就中国当时的行政区划而言。——编者注

惊讶地看到豆苗和瓜藤沿着铁轨旁的斜堤生长。11月的空气给人清新干净的感觉,横卧在我面前的乡野景致美不胜收。

一到硖石,我们就看见一大群镇民倚在火车站的大门前。由于婚期非常近了,他们已经开始日夜不休地守候着我。堂姐与我飞奔到离我们最近的一顶普通绿轿子前面,悄悄告诉前头的轿夫我们的目的地——徐家为新娘家人租下的房子。他显然已经从我们说的目的地知道我们是谁了,不管怎样,他没有多说什么,就飞快上路了。

镇民都期待我乘着花轿抵达,这种专给原配夫人坐的轿子,外面罩着红缎,还挂着绣有蝴蝶(代表婚姻幸福)、鸳鸯(代表婚姻坚贞)、蝙蝠(代表福气,因为"蝠"与"福"谐音)等图样的厚帘子。

可是,我把我坐的那顶普通绿轿的小帘子拉到边上的时候,却看到一小群镇民跟在轿夫身边慢跑。

其中有几个人坚持说:"是她!"

其他人上气不接下气地回答:"可是,这不是红轿子啊!"

"说不定她想骗骗我们。"又有人讲。不管怎样,他们统统从火车站跟着我们。这就是我要搬去住的那种小镇,镇上的人是那群猪,而我夫家是那头牛。

堂姐和我在预留给新娘家人住的房子里过夜,除了徐家用人以外,就只有我们两人。第二天下午,也就是婚礼举行前两天,我家人也到了硖石。这下子,屋里就非常拥挤了。

依据传统,新娘家人在婚礼前一天晚上要请新郎吃晚饭。我家的人(不包括我)会在席间给新郎最后的首肯。当天爸爸妈妈待在楼上休息,派哥哥们代表他们出席。二哥正在柏林求学,所以由四哥和六哥充当主人出面邀请徐志摩。

时间渐渐拉近,堂姐和我躲在楼梯顶端的扶栏后面,第一次偷窥徐志摩。以前我们只看过他的照片,又听说过假冒新郎身份的事情,所以我想好了最坏的情况。

我跟堂姐讲:"要是他缺只眼睛、缺条腿的话,我就不嫁他,我会逃得远远的。"

徐志摩到达前门的时候,我身子往前一靠,把他和从照片上见到的模样比了一比。他本人看起来比较瘦小,而且有点弱不禁风的味道。

"你觉得怎么样啊?"堂姐悄悄说,"你觉得他长得好看吗?"

我不知道什么叫作英俊,就回答说:"他有两只眼睛两条腿,所以不算太丑。"

那天晚上,我们没再见到徐志摩,因为他消失在饭厅里了。不过,用完饭后,我见到了我哥哥。那顿晚饭显然早早就结束了,因为徐志摩太过紧张,没和他们一道把饭吃完。几个哥哥都说喜欢他,我知道这是肺腑之言。四哥总算和那篇精彩文章的作者碰面了,而且对他的选择好像非常满意又得意。

你结婚那天会穿上白纱礼服,因为白色是西方新娘的代表色。在中国，白色只在吊丧的时候穿，新娘一向穿红色。我在婚礼中穿的是粉红色礼服，红白混合，因为徐志摩说过，他要一个新式的新娘。那件礼服有好多层纱裙，最外面一层粉纱上绣了几条金龙；我还戴了顶头冠。依照礼俗，徐志摩要在婚礼进行的时候，在离我一步的地方掀起我那沉重的盖头，而不是等入了洞房以后才私底下揭开。

堂姐把我的头发盘成三个小小的圆髻，排成三朵花的样子，然后仔细地在我脸上扑上白粉和胭脂。她那双冰凉的手碰到我皮肤的时候，我觉得酥酥麻麻的。我从没试过把外表打扮得漂漂亮亮的，所以就好奇地由着她在我脸上涂抹、钳镊、描画、拉扯。才过了一个钟头，堂姐就宣布我好比"腊雪中的一朵寒梅"。我差点儿认不出镜中的自己，于是我对着镜子张开涂了朱砂的嘴唇，又抬起描画得弧度完美的眉毛。

"不行，不行。"堂姐纠正我说，"你一定要表现得含蓄庄重。"她指点我收敛目光，在整个婚礼进行期间不要直视任何人，也不要露出笑容。

妈妈和堂姐整理好我结婚礼服的最后一部分，也就是我头上那顶华丽的头冠以后，就领着我下楼。家里其他人都在外头等候，爸爸和兄弟姐妹也都穿着丝质礼服。在我踏进准备把我载到结婚礼堂的花轿前一刻，妈妈把我的盖头放了下来。我眼前一片漆黑。在那顶头冠重压之下，我差点失去平衡，紧张得透不过气来。

"嘘，"妈妈轻声细语道，"今天走路要抬头挺胸，有人会一直在这儿领着你。"我感到有几只强壮的胳臂紧抓着我,帮我跨入轿子。一支小小的乐队在我背后某处吹吹打打。我还听见一些女亲戚依照礼俗,突然假哭了起来。当我举步登入轿子的时候,被鞭炮声吓了一跳。在位子上坐定以后,我努力不让自己发抖。

因为有盖头遮着,我这时候什么也看不见,只是估摸着我家这边队伍的步子走向礼堂。走在最前头的是四个举旗人——两个举张家旗子,两个举徐家旗子。我的轿子尾随其后,哥哥跟在轿子旁边走,然后是载着张家女眷的绿轿子。最后是头顶红伞的乐师,他们后面就是徐志摩的队伍了。

队伍到了礼堂,轿子就停下来。我的头冠太重了,所以要由兄弟们搀扶才能平稳地跨出轿子。他们又领着我走进礼堂。听见里头人声鼎沸,我几乎要临阵脱逃。我晓得我家请了三百多个客人。

这时我的眼睛逐渐习惯了盖头里的黑暗,也认得出一些影子和动作了。一位护送者领着我缓缓经过一排排客人,走到礼堂前面。那儿摆了张矮桌子,桌子上方有一团亮光。我笨手笨脚地跪在桌前,旁边有人紧张地清着喉咙。在头冠压顶的情况下,我虽然没办法毫不费力地转头,可是我知道那声音来自跪在我身旁的徐志摩。

我在婚礼前一天晚上偷窥过他,可是他只从媒婆给他的照片上看过我。当他在典礼最后把手伸到我盖头边的时候,我怀着既害怕又期待的心情发起抖来。那沉重的盖头完全把我的样子给

第六章 腊雪寒梅 079

遮住了,就算我原先打算不听堂姐的话要直视他,这时候暴露在他眼前的我却无法迎接他的目光。虽然我想表现得像个新式女子,可是我办不到,只是瞪着他那又长又尖的下巴。我本来希望他第一次见到我的时候,会对我一笑,可是他的眼神始终很严肃。

在西方婚礼中,新郎新娘是最有面子的人,他们在一个地方或站或坐,由来宾趋前向他们致敬。中国婚礼的情况恰恰相反,来宾才是接受致敬的人,新郎新娘必须向他们磕头。磕头的全部过程是这样:磕头者先双膝跪地,然后把两臂搁在前面,头着地面之后再起身。

我们举行婚礼的时候,徐志摩和我站在两张红色太师椅前,向每对坐在椅子上的来宾磕头,有人会从一长串名单上念出他们的名字。因为要磕头的对象太多了,我们没办法完全自己来;其实我们身后各有一人帮忙推我们下跪,再拉我们起立。推下去,拉起来;一遍又一遍持续了好几个钟头,我都认不出谁是谁了。婚礼结束后整整一个星期,我两条腿痛得差点儿没法子走路。

1911年,中国从君主专制变成共和政体,可是中央政府羸弱不堪,全国土地受到各地军阀的控制。1915年,也就是我们结婚那年,军阀之间起冲突是家常便饭。就在我们结婚当天,硖石乡间打了一场小仗,所有开往上海的火车都被取消,谁也没法子回到城里。一听到这消息,许多男客都在喜酒之后离开礼堂,与上海的办公室联系。四哥、徐志摩的父亲,还有他们大多数的朋友都是银行家，这些人当天晚上有一半时间都花在拍电报告诉他们的助手，他们第二天不会到办公室。徐家人不得不订下镇上的旅社房间，又租下另外两间房子给所有过夜的来宾住，这种大阵仗以前从没在硖石发生过。既然大多数来宾要留宿，大家都熬到很晚还不睡觉。到了闹洞房的时间，一大堆人都挤进洞房。闹洞房是个非常老式的习俗，新娘坐在房间正中，来宾说些不堪入耳的话试探她的脾气。当徐志摩的亲戚朋友在我四周走来走去戏弄我的时候，我得坐在洞房中间，什么话都不说。要是我哭了、笑了，或是开口了，就会被认为脾气不好。

"唱个歌来听听吧！"一个人说。

"我们让她跳支舞吧！"另外一个人说。

"乖乖，你好丑啊！"有个人说。"大家瞧瞧这双大脚。"又有个人说。他把我的裙子撩到脚踝上，好让每个人取笑我的大脚。他做这件事的时候，我什么话也没说，只是由他去闹。徐志摩的一个朋友甚至提议大家看看我内裤的颜色，幸好徘徊在我身边保护我的哥哥弟弟阻止了他们，要不然我是招架不住的。这种戏弄持续了几个小时，大部分过程徐志摩都没看见，因为他进进出出和不同的人插科打诨去了。说句实话，我觉得参加婚礼的每个人得到的乐趣都比我多。

大约清晨四点的时候，客人突然之间都离开洞房了。我累坏了，一个人在那儿坐着。才过了大概五分钟，徐志摩就进来了，后头还跟着好几个用人。其中一人把床罩子拉到床尾，在床中间铺上一块白丝帛。堂姐告诉过我，第二天早上我要展示这块布上表明我是处女之身的证据。其他几个用人帮着把我从椅子里扶起来，带我走到梳妆台前，准备为我的新婚之夜梳理一番。

我很快就准备好了。我那略带檀香味的头发松垂在肩膀周围，用两只玉梳向后固定；除了披上薄薄一层绣着鸳鸯（象征婚姻忠贞）的红丝袍以外，身上再无他物。用人离开洞房以后，我就转向徐志摩。

他身上也脱得只剩最薄的一层丝袍，而且充满期待地站在房间那头注视着我。初次与他独处，我很想跟他说说话，大声感谢命运的安排。我想说，我现在是光荣的徐家的人了，希望能好好侍奉他们。可是正当的做法是由他先向我开口，所以我就等在那儿。

当时的我年轻又胆怯，也许一个新式女子会在这个时候开口，一对新人就此展开洞房花烛夜。可是徐志摩一句话都没对我说，所以我也没回答他。我们之间的沉默就从那一夜开始。

第七章

不三不四

妈告诉我，婚姻就是妥协；当我嫁给一个男人时，也等于嫁给了他的家庭。虽然妈的公婆住在西部的旧金山，与我们相隔着整片美国大陆，她却觉得他们无所不在。她会定期寄东西给公婆，并提醒爸每周至少给他们打两次电话。要是爸说自己父母的坏话，妈就会加以责备，或是保持沉默，绝不从旁附和。

虽然我很想嫁给华人，讨家人欢心，却又十分害怕达不到婆家对我这媳妇的期望。

首先，我担心自己根本无法像妈一样，头胎就生个儿子。哥哥是爸妈两边家里的长孙，每个人那儿他的相片比其他任何孙儿、孙女都多。这是理所当然的事，因为他是第一个到这两个家庭报到的孙子，而只比哥哥晚两年出生的堂姐，照片就比他少得多。

其次，我从小就有太多偏好，至少一定比从不在意我们去哪个餐厅的妈要多。譬如吃比萨的时候，我总是喜欢某一家店的馅料，另一家店的外皮。妈以前对我如此挑三拣四、这么小就有这么强烈的好恶，感到忧心。

我曾经想：干吗操心？我觉得我有偏好才有个性啊。可是，我二十一岁那年到香港探亲的时候，美丽的堂姐邦如也告诉过我同样的话。她嫁给了一个有钱的牙医，是个华人。

"当你和一位男士在一起，你要非常文静地坐着，一句话也别说。"邦如说。她带我到一流大饭店香格里拉饮茶，这样我们可以认真地谈话。"让男方对你表露自己，先让他说话，你再下决定。"

有天晚上我和以前的华裔男友亚当的父母共进晚餐时，曾经尝试运用这个忠告，结果发现扮演文静端庄、可能成为别人未来儿媳妇的角色，感觉很好。这种感觉真够奇怪。我很高兴亚当的家人和我相处得这么融洽。我坐在桌前谦恭地用筷子尾端把最好的鸡块和鱼片挑出来，先夹给亚当的父母和亚当，再夹给我自己。

接着，亚当的父亲泛泛地发表了他对另一个儿子的太太的看法："我绝对不和媳妇讲太多话，做公公的不应该和媳妇太亲近。"

一听这话，我觉得喉咙像被哽到一样。对我来说，为了好玩，假扮卑躬屈膝的儿媳妇和未来太太是一回事；而要百分之百扮演这种角色，就另当别论了。

几年以后，我有一次告诉爸妈一个我认为有趣的故事，内容与我未来公婆的特质有关。爸听了以后说："如果你要嫁给这个人的话，绝对不要再讲对公婆不厚道的话，尤其是在我面前。这样很不礼貌，以后别再让这种事发生了。"

我不晓得你母亲是怎么和你谈结婚道理的；不过，我结婚的时候，我母亲只给我两点忠告。

第一，一旦进了徐家的门，绝对不可以说"不"，只能说"是"。

第二，不管我丈夫和我之间发生什么事，我都得以同样态度对待公婆。为了表示尊敬他们，我每天早上得比他们早起，而且要向他们道早安——这是我唯一可以比他们先开口的时候——晚上也必须等他们允许我退下后，才能告退。

妈妈说这叫"晨昏定省"。我每天得一大早起床，洗脸梳头，穿戴整齐，然后在公婆许可的时间，向他们请安。日间，除了最得体的服装，我不敢穿得随随便便露脸，也从不敢披着头发见他们，那样会被认为放肆。

妈妈最多就告诉我这些。那个时候，没人谈论性事或性关系。不像如今，无所不谈。你们年轻人从电视和杂志上知道很多事情。比如，我是回宝山老家时，偶然间从一个缝布鞋的智障女用人那儿得知月经这回事的。她习惯把月事带统统丢在院子四周给鸡狗闻，要不就是在院子里挥着月事带给每个人看。这举动很疯狂，却是我发现月经的经过，我母亲并没有告诉过我。

她给我的忠告后来证明很管用。既然你正值适婚年龄，我就把这套方法教给你。中国家庭是由父母掌权，因此一个女人和公婆之间的关系，尤其是和婆婆之间的关系，往往比她和丈夫之间的关系来得重要。因为你是中国人，而且想要嫁中国人，所以我得纠正你两个坏习惯。我注意到我住在你家里，你来跟我说晚安的时候，偶尔会在我允许你离开之前就掉头走掉。这样很糟糕，你结婚以前一定要把这习惯改掉。

另外一个习惯是在人家问你怎么样的时候，你用美国人那套说"我好累"。我这辈子从没说过自己累。我还记得嫁到徐家第一天早上的情形：虽然我前一天晚上差不多都没睡，而且全身上下因为磕头和婚礼的大小事情疼痛不已，可是我始终不认为自己会累得没法子起床梳妆去见公婆。我一向知道应该对公公（家人称他"老爷"）婆婆（家人称她"老太太"）尽什么义务。

当然，刚开始很难知道要怎么讨好他们。中国人不说"行""不行"，这样、那样，或直接把话说清楚，所以有时候我得猜。比方说，老太太很少进厨房，因为家里有一堆用人，公公也不像我爸爸那样对食物特别挑剔。所以有一次老太太进厨房，我惊讶得站在她旁边，什么事也没做。这时候有个待在徐家多年、知道如何讨好老太太的老用人赶紧递给我一把扇子，用同情的口气说："你应该让自己有点儿用处，趁你婆婆煮东西的时候，让她凉快凉快吧。"

后来，我学会一些小事情。硖石当地有个在春节、端午和中秋期间大家互赠礼物的习俗，赠礼的方法既复杂又傻气，程序是这样的：有人先送我们四份礼，我们就说，"哦，四份礼太多了"，然后收下两份，退回两份。接着我们也送四份礼出去，他们又退两份给我们。老太太不喜欢浪费钱，所以我们把礼物两两弄成一堆，摆在一边，等着另外两份礼物——不管是退还的礼，还是别人送来的礼。这样就可以再凑足四份礼送人。这套方法很麻烦，因为我们得确定没有把礼物重复送给相同或相关的人，永远都在为一堆堆不同的礼物做调整和穷担心。

有一次我回家省亲的时候，突发奇想决定要让我婆婆吃惊一下，就一口气把送给亲戚和乡亲的礼物都买了。我公公每个月给我十块或二十块银元，我从没花过，所以就用四十银元在上海耗了整整一个下午，采买火腿、鸭子和其他珍馐佳肴。

省完亲后，我满载而归回到硖石。老太太问我全部东西花了多少钱。

我扯谎说："二十银元。"

老太太笑笑说："这倒不坏。"

我说："那好，我们干脆直接把四份礼送给每家人，这样就了了所有事情。"

我就是用这些小技巧设法讨好老太太的。

我从没学会像讨好公婆那样取悦我的丈夫。奇怪的是，我们在床笫之间却很自然地成为夫妻，新婚之夜头一次行房也是如此。

第七章 不三不四 087

我想，那是因为我们都年轻，而且在这以前，我们都不晓得男人和女人的身体长什么样，所以我们得互相学习。不过，我大概一下子就被操持家务、照顾公婆这些事情给绊住了，而且在乡下地方，女人是不准跨出合院一步的。所以，徐志摩清早出门时，我不得随行。刚结婚几个星期，徐志摩就离家求学，先是到天津北洋大学，后来又到北京大学。所以你瞧，这是件很悲哀的事，我打从开始就没法子了解我丈夫。

北京大学是当时最负盛名的大学，主要由一群归国学人（也就是那些到西方留过学，再把所学带回中国的人）治校。在写给公婆的家书里，徐志摩给我们讲述了他的精彩生活。大学期间，二哥把他介绍给了梁启超，后者收他为弟子。①

徐志摩也见到了胡适。胡适因为在《新青年》杂志发表了一篇呼吁大家摒弃以文言文所写的旧文学，开创反映大众情感、以白话文写成的新文学的文章而声名大噪。徐志摩留洋之后成为诗人，就是用这种白话文写诗，而且把白话文带入新的表现层次。

听老爷大声宣读徐志摩家书的时候，我好羡慕我丈夫的自由自在。起先我以为我也可以回学校念书，就写信给母校询问我是否可以回去。校方说我必须重读一年，因为我已经错过了一学期。这表示我两年之后不能毕业，而我认为刚结婚的我不可能离开公

---

① 此处遵英文版，台湾智库版对此部分进行了详细描述："这次面谈以后，徐志摩写了封措辞谦卑的信函给梁启超，表达他的敬意和热爱，后来梁启超就收徐志摩为弟子。徐志摩在家书的结尾引用了一本著名小说（译注：指《红楼梦》）里一句话说：'弟子的也该烧了。'他认为自己的文章和梁启超的一比，就变得一文不值了。——编者注"

婆这么久。我是徐志摩的太太,也是镇上首富人家的儿媳妇,镇上的乡亲已经觉得我太新潮了,而且都嘲笑我有双大脚。结婚之初,因为寂寞的关系,我差不多每个月都回上海娘家一次,乡亲们就问:这个媳妇干吗这么常去上海?虽然徐家老爷在上海有生意,可是他媳妇干吗这么常去?难道她脾气不好?和老太太处不来?他们都偷偷笑我脚大、脾气大。

和大家都有生意往来的老爷说,这种闲话不好听,叫我应该设法节制一点儿,不要这么常出门。我出身于城市,不习惯成天坐在合院里,被人家禁止出门给自己买买东西或是看看亲朋好友。但我顺从了。我知道寄宿学校的事情是免谈了。可是,你能想象你十五岁就结婚,从此不再学东西、不再求新知的情形吗?我后来当上海女子商业储蓄银行副总裁的时候,在办公室聘了一位私人教师,就是因为我觉得自己已懂的事情是这么的少。要一个人在十五岁的时候就终止学习是很难的。

除了整天和老太太坐在一起之外,我无所事事。我们会坐在女眷室里面为家人缝好几个钟头的鞋子。以前在宝山娘家,所有鞋子都是由那个疯掉的女用人缝的,在这里,就算我们家境富裕,还是自己动手。对老太太而言,我们的鞋子很特别。我们先把一片厚厚的鞋底缝在一块粗粗的黑布上做成鞋子,然后用真丝线穿在一根精细的绣花针上,绣出装饰每只鞋尖的细致花纹。有的鞋上绣着层层相叠的积云纹,老太太走路的时候,那花纹就微微发亮。有的鞋上绣着"寿"字,每走一步都明明白白道出绣鞋者的用意。我给老太太缝鞋的时候，针脚缝得小巧细腻；替自己缝鞋的时候，就粗心大意乱缝一通，因为对我来讲，穿什么鞋都无所谓。总而言之，我从没跨出过大门一步，而且在从欧洲回国以前，连徐家拥有的地方都没看过。我归国以后，许多风俗的限制已经放宽，而且我在西方住了五年，也不在乎镇上人的想法了。

用人都说老爷是个精明的人，知道怎么样抓着钱不放。他不在家中养小老婆，却在镇上交女朋友，人数多得没法子从中挑选，而且东西南北每个方向各有一个。有好多个晚上我都给老爷等门到深夜两三点，所以才知道这些实情。我照着妈妈的指示，对公婆晨昏定省。这对我真是件难事啊！因为老太太是个早起的人，而老爷是个晚睡的。

用人还说，在老爷夜晚流连的茶室里，许多裹脚的姑娘会在桌上跳舞，诱惑男人偷瞥她们仅仅被裹脚布和花哨的丝鞋包住的脚背。这些连走出房门一步都不可能的姑娘，用她们细碎的步子把老老少少的男子迷得神魂颠倒。参加拼酒比赛击败众家的男人，会把一只玲珑绣花鞋里装的最后一杯酒饮下，那鞋子的主人就躺在茶室的顶楼等他。两人在她房里亲热的时候，她会解开脚上的布条，把脚露给他看。当天晚上，在激情缠绵的最后一刻，他会把她松了绑的小脚举到肩上，再塞入口中吸吮。

这些小脚的故事都是从用人那儿听来的，它们充斥着我的耳膜。比方说，小脚是一个女人珍贵的财产，是她嫁妆的一部分，也是有钱的岳父馈赠给合适女婿的礼物。古时候有位相公在一个村子的街上行走的时候,抚弄了一位骑马姑娘的小脚,害得她差点儿名节受辱。

我听小脚的故事听得太仔细了,以至我觉得自己的大脚失去了原来的魔力。我以为它们把我变新潮了,没想到它们反而成了我的敌人。它们不能在村里的街上行走,不能让我受教育,也不能教我丈夫关心我。

徐志摩放假回家以后,除了履行最基本的婚姻义务之外,对我不理不睬。就连履行婚姻义务这种事,他也只是遵从父母抱孙子的愿望罢了。我不明白他为什么对我不闻不问,特别是我哥哥还是他的朋友,他显然也对我娘家很满意,可是他为何如此待我?

有时候,他伸着腿坐在院中长椅上读书,我就和他坐在一起缝东西。他会对某个用人说:"给我拿这个。"对另外一个用人说:"抓抓我这里。"可是从不与我交谈。当时我太年轻了,不知道要怎么样应对,所以我就保持沉默。我想,如果他不想和我说话,我也可以好几天不言不语。我对婚姻所求为何?我不求爱情(至少眼下还没这样要求),也不求浪漫,可是我所求的东西肯定比我现在拥有的——缺乏容忍和漠不关心——要来得多。徐志摩从没正眼瞧过我,他的眼光只是从我身上掠过,好像我不存在似的。我一辈子都和像他一样有学问的男人——我的父亲和兄弟——生活在一起,他们从没这样对待过我。唯独我丈夫如此。

有些日子的早上，尤其是碰到好天气时，徐志摩没交代一声，就不见人影。我从一个用人口里得知，他乘着轿子去徐家在东山上的一栋房子了。虽然我从没上过那儿，可是我晓得从那山顶可以望见一座女石像。根据当地的传说，有个妇人的丈夫到海外经商后一去不复返，她登上一座可以眺望大海的小山盯着海面瞧。她守候丈夫的时间太长了，被泪水沾湿的身子最后变成了坚硬的岩石。当地人就给那座山取名叫"望夫山"。所以我假想我到过山上那处所在。

这时候，我才了解阿嬷说的"不三不四"是什么意思。我本该是个有双大脚的新式女子，徐志摩却当我缠过脚似的对待我。他认为我观念守旧，没受过教育，所以不喜欢我。然而，对老太太来说，我又不够传统。有双小脚的她每天待在女眷室就心满意足了，而我却想到硖石街上一探究竟。阿嬷和妈妈对我许过种种愿望，可是我既不像妈妈梦想我会变成的太阳姐妹中的一个，也不像阿嬷想要我变成的月亮姐妹中的一个。

徐志摩回家以后那几个星期，老太太一直紧盯着我。有一天吃午饭的时候，我没有胃口，她就目不转睛地看着我，然后以肯定的语气说："你有喜了。"

她会比我先知道这件事，可真奇怪！可是结果被她料中了。怀胎头三个月，我害喜相当厉害。但从第四个月起，我能感觉到孩子在动的时候，就开始盼望肚子里是个男孩。

我已经告诉过你，中国的女人是一文不值的，现在我要告诉你为什么。人死的时候，是从阳世转到阴世。女人、阴性、月亮，以及所有被动和幽深的东西，都属于阴界；男人、阳性、太阳，以及所有强势和崇高的东西，都属于阳界。

你可能觉得这么分有失公平，可是中国人认为，只有男性——儿子、孙子、曾孙，还有永无止境的后继者——身上才有阳界祭奉阴界祖先的适当成分。好好敬奉祖先，并且维持阴阳界平衡是很要紧的事，要不然死者会离开阴界，变成孤魂野鬼侵犯阳界。而我们女人只有依靠为夫家生育子嗣，才能保住在阴阳两界的地位。

这就是中国人喜欢男孩，尤其是长子的原因了。记得我听说过，乡下地方有个小老婆生了个女孩以后，非常担心自己在家里的地位，就要产婆立誓保密，把女儿打扮得像个男孩，一直到事情再也无法隐瞒为止，中间经过了十五个年头。你能想象这种事情吗？虽然我也想要个儿子，可是随着怀孕的日子一天天过去，我对自己发誓，如果我生的是个女娃儿，我不会那样对待她；也不会把她的八字别在襁褓上，然后把她丢在田野里，让发现她的人把她当童养媳马上嫁掉；更不会把她的脚缠起来和限制她求学。

妈妈依照新娘的母亲应该遵守的礼俗，在我怀胎最后几个星期来看我。自从婚礼之后，她就没再来过碛石，这是她仅有的几次能来的机会。她带着一捆婴儿衣服来到我床边，我动作飞快地把那捆衣服从床上抖过，想让整捆衣服自行松开，飞散到床上。

结果衣服并没有散开。妈妈摇摇头说:"啊,好吧!你生的时候会痛很久。"

我抱怨说:"是你没把它绑对嘛!拿来我瞧瞧。"

妈妈就说:"不要强辩。"然后示意用人拿个托盘来我床上,盘子上有一大碗特别准备的白饭,妈妈在白饭下面的碗底交替摆了一圈肉丸子和水煮蛋。我拿起妈妈递给我的筷子戳到碗底,结果筷子那头带起一颗肉丸。

妈妈皱着脸说:"唉,是个女孩,不是男孩。"

我抬起头看着她说:"要是你给我普通竹筷子的话,说不定就有好结果。可是你给我的是象牙筷子,它们滑溜溜的,一戳就戳到肉丸,戳不到蛋呀!"

妈妈说:"别嘴硬,认命吧!是女孩。"

我顽固地说:"我不是嘴硬,我是说象牙太滑了。我们等着瞧吧!看看是不是男孩。"

生产的时候,我晕了过去,可是没人叫醒我,他们懒得叫。后来我是因为生下儿子,产婆尖叫"是个男孩"才醒转过来。通常,以前乡下人不会这样子,因为他们不想让神明知道家里生了男孩,否则神明会把他带走。

我公婆极为激动。他们送了一堆红蛋出去,向大家宣布徐家的新生子嗣来人间报到的消息。我躺在床上听他们庆祝,觉得大为宽心。能把一个健健康康的儿子带到这世上,真是有福气!我一见他就很疼爱,祈求他会在我老的时候善尽孝道,让我安享晚年。

　　子嗣的问题既然解决，徐志摩就得到父母许可负笈海外了。1918年夏天，我们的儿子出生还没多久，他便离家前往位于马萨诸塞州（Massachusetts）渥塞斯特（Worcester）的克拉克大学（Clark University）攻读银行学和社会学。他和大多数初为人父者一样，好像一方面觉得得意，一方面又有点儿害怕自己的儿子。然而，他对我的态度还是一样。当我向他告别的时候，他仿佛早已远去。说不定，他从来就没待在那儿。

第八章

如君之意

一位历史学家在报告中提出,徐志摩离开中国前往西方的时候,和其他同一社会阶层的年轻人没有两样。时值二十二岁的他,正在寻求救国之道。他本来打算放洋归国之后,要接管家中事业,或加入政府官僚体系。可是,根据这位史家的看法,徐志摩此番西行,也在内心注入了改变个人作风的欲望。他信奉着自己心目中西方的精髓,并致力于成为他所推崇的西方优点与特质——爱、热情、坦白——的活化身。

我常问幼仪:"难道你不气徐志摩吗?"

我知道自己左右为难。我对他对待幼仪的态度很反感,但又不能自控地崇拜他本人和他的作品。他是某个精英同志会的一分子,其中成员都是改变中国旧貌、身为过渡一代的学林俊彦。而作为张家第一个在美国出生的人,我盼望自己也能像他一样,成为同时接受中学与西学灌输的人。

可是，幼仪并不承认她的感受，我猜是因为一个循规蹈矩的中国女人不应该心生怨恨。

徐志摩怀着进入金融界、成为"中国的汉密尔顿"（Alexander Hamilton）①的抱负，远渡美国。这期间，他甚至给自己取了"Hamilton"这个洋名。他在克拉克大学那自我约束的日程表，一显雄心大志和对国家的责任感：

六时起身[同居五人一体遵守]②**，七时朝会（激耻发心），晚唱国歌，十时半归寝。日间勤学而外，运动、跑步、阅报。**

徐志摩"激耻发心"，或者说是号召本人和同侪一起行动的欲望，引起了我的兴趣。

我在历史课本里读过中国人的国耻观念，并得知了共产主义之所以在中国取得成功的原理：儒家思想不能抵御外侮、保护中国。我是在美国长大的中国人，自己的种族身份又遭人取笑过，因此对羞耻心毫不陌生，但也惊异于这种感觉何以与徐志摩相仿，竟然大到可以让我想象自己堪为我这代华裔主要先声的程度。

徐志摩以优异成绩自克拉克大学毕业后，于1919年转入哥伦比亚大学修习政治学。然而，他发现美国不合他性情，便于

---

① 美国政治家。——译者注
② 英文版作"with four chinese roommates"，台湾智库版无此注释，此处以英文版为准。——编者注

1920年中途辍学，冲动地转赴英国。他写道，那是我"正感着闷想换路走的时候"①。没过多久，他就强化了自己那套将对幼仪造成激烈影响的爱情信条。

我儿子徐积锴出世以后，徐家对他宠爱有加。用上等棉布做成的襁褓包着他的身体；他刚哭个几下，用人或奶妈就会过来安抚。他头一个玩具，是一根象牙刻的小如意，如意就是"如君之意"的意思。他爷爷奶奶声明，他们这个独孙比世界上所有的大财大富加起来还要宝贝，而且用一百个徐家亲戚送的贺仪，给他打了把小铁锁。这把用金链子挂在他脖子上的"百家锁"代表的意义是：以一百个亲人的祝福，把他的命"锁"好；也告诉大家他带给家人的喜悦。

我们给他取名叫"积锴"，"锴"是"良铁"的意思，因为铁这种金属象征刚强、正直、果断、公平。他事事好问的天性，逗得家里每个人都很欢愉，所以"阿欢"（意思是"开心"）很快就成了他的乳名。徐家老奶奶一定要我们常带他回去探望，老太太也不再天天缝鞋子，而改缝娃娃的衣服了。

我生产以后身子虽然很虚，但是不久就恢复了元气，而且等着照顾自己的儿子。可是，我很快就发现，我这个母亲的角色受到了严格的限定，就和我在徐家应对进退的行为一样。阿欢是属

---

① 见《我所知道的康桥》。初载于1926年1月16日、25日《晨报·副刊》。——编者注

于徐家的，老奶奶、老爷，还有老太太要监督他的养育过程，只准我偶尔照顾。我抱他的时候，公婆就纠正我的姿势；我给他洗澡的时候，保姆又在我身边晃来晃去。到了夜里，还有个奶妈睡在他小床边的地板上。

妈妈告诉过我："到徐家后绝不可以说'不'，只能说'是'。"所以我并没有反抗公婆的做法。但我现在才发现，我为了讨好公婆放弃了一切，包括出门、求学，甚至育子。我很庆幸我儿子和儿媳妇现在住我附近，而且我们可以时常见面。可是在阿欢生命里的头七年，我没有按照一个母亲应当的做法给予阿欢照顾。

阿欢出世百日那天，有个用人在他面前摆了个盘子，里面装着一把量身尺、一个小算盘、一支徐志摩的毛笔，还有一些铜板。我们围在阿欢身边，看他第一个会抓起哪样东西，从而预想他日后的方向。起先，阿欢好奇地盯着整个盘子，他的眼睛几乎还分不清什么是什么。然后，他瞪着算盘（商人算账的工具）发呆，又瞧了瞧那把裁缝师用的量身尺。最后，他的目光盯住盘子正中的一样东西，着迷了一会儿，就伸手去抓。那是徐志摩的毛笔。

多聪明的男孩子啊！我感到很自豪。他刚才的举动意味着他以后要成为一个读书人，就像徐志摩和我的兄弟们一样。

老爷突然兴奋地把阿欢腾空举着荡来荡去说："又一个读书人！我们家孙子将来要用铁笔啰！"他引用重要政府文告里常用的一句话，对老太太夸口说："铁笔不改。"他的意思是希望阿欢有朝一日会撰写政府律令。

几个月后,也就是1918年秋天,第一次世界大战结束,我们又庆祝了一番。二哥自德国归来以后,在上海办了一份独立的报纸;1919年,他与梁启超等人打算组成非正式代表团开赴巴黎,为和会做些工作。我正好回娘家探望父母,所以在二哥行前不久见到了他。

二哥想知道:"你什么时候到西方与徐志摩团圆呀?"

我听了诧异地看着二哥。徐志摩去美国已经半年了,我从没想过要与他团聚,因为我以为我的责任就是和公婆待在一起。

"你已经对徐家尽到责任了,"二哥这么说,好像他听到了我的想法似的,"现在你应该跟丈夫在一起,甚至可以到西方求学。"

像新式女子那样到西方求学?像徐志摩和我哥哥一样学习外文?这意见引起了我的兴趣。然后我想到了公婆。徐家会让我去美国吗?他们会替我付学费吗?于是我告诉二哥,只有在徐志摩来信要我去的情况下,徐家才可能让我去,因为他们不会拒绝儿子。

二哥向我打包票说:"徐志摩会来信要你去的,他会希望你了解西方。"

二哥和徐志摩是挚友,所以我相信他说的话,而且兴奋地怀着憧憬,回到硖石。我嫁到徐家差不多四年了,而徐志摩放假时我和他共处的时间,加起来大概只有四个月。我渴望能像跟哥哥弟弟聊天那样，和徐志摩交谈；我想帮他忙，助他得到成功与荣誉。有一次，我幻想我们像伙伴一样待在简朴的家中，他正研究学问，我准备两人的饭食。还有一次，我幻想自己穿着西服，抱着书本，和徐志摩并肩走去上课，就像以前我和大姐在省立第二女子师范学校读书时一样。

现在，每次家人朗读徐志摩的家书时，我就等着听他在结尾提到我的部分。他的来信上头收信人总是写着父母的大名，在信尾才问起我和阿欢的近况。这是很孝顺的做法，因为夫妻在公婆面前应当保持距离。有一回，徐志摩要求我整天跟着阿欢四处转，然后写下他说的或他做的每件事情。还有一回，他要求看看阿欢的画和他刚开始学写的毛笔字。可他还是没有来信要我们去。

1919年春天，中国得知了在巴黎协商的和约条款：作为同盟国之间秘密协定的一部分，山东（孔子的出生地）将被割让给日本。中国多年来对外国帝国主义势力的憎恨，因为同盟国背信弃义事迹的败露而被触发。1919年的5月4日，北京天安门广场上，有大约三千名学生举行了一场群众示威活动，要求政府拒绝接受和约条款。他们高喊着："打倒帝国主义！还我山东！""抵制日货！"

第二天，全国各大城市的学生纷纷加入了当地的示威行列，广泛的抗议工潮也随之形成。爱国主义的浪潮就此席卷全国，数以千计的工人碰面讨论抵制日货事宜。6月5日这天，上海大约有两万名工人号召罢工，这事件波及许多企业，日本人拥有的一些棉纺厂也跟着遭殃。

老爷暂时关闭了上海的几家店铺，待在硖石家中阅读报上的报道。学生和工人最终赢得了斗争的胜利，政府释放了被捕的学生，同时表示中国不接受这项和约。

从欧洲回来的二哥对示威活动的成果感到兴奋。后来他问我："徐志摩来信要你去了没有？"

我摇摇头。

他说："他这么久没写信给你，一定是出了什么岔子。"

二哥说这些话的时候，我突然想起大概一年以前徐志摩对我说过一些话，那时我还没怀孕。他说，全中国正经历一场变局，这场变局将使个人获得自由，不再愈发屈从于旧习俗。他好像被关在笼里的动物那样踱来踱去，说他要向这些使他无法依循自己真实感受的传统挑战，成为中国第一个离婚的男人。

我记得我虽然对他这番说辞感到吃惊，可是我既不担心，也不懊恼。我小时候听说过的离婚事件只有在女人失贞、善妒，或没有好好侍奉婆家的情况下才会发生。当然，这些事情我都没做过。我还听说，女人离婚是件丢脸的事，娘家会不想让她回去，所以她只有三个选择：卖娼、出家和自尽。我不相信徐志摩会逼我走上这几条路，我了解他的背景和家庭。

所以，我既没有仔细听他说什么，也没把他的话当真。我以为他只是准备去西方了，所以假装表现得很西化。

第八章　如君之意

可是，听二哥这么一说，徐志摩的话又在我耳畔响起。看到一波接一波的学生示威活动，我明白徐志摩说的没错：一场推翻传统的运动正横扫全国。我以为徐志摩没有写信给我的原因之一，或许是他不认为我想去西方，再者就是他不能把我这"乡下土包子"带出国。

我从不敢问公婆我能不能到海外去，二哥就说他会帮我问问老爷。老爷到上海谈生意的时候，二哥经常与他碰面。在他们接下来一次碰头的时候，二哥就说："如果徐志摩继续在国外读书，而幼仪留在硖石的话，他们两人的心就要愈分愈开了。"

老爷回答："她要跟老太太做伴，还得照顾娃娃。"

徐家人非常保守，所以不想让我到海外。他们认为我应该待在家里，信奉着"女子无才便是德"的古训。当然，他们这么想有一定的理由：一个啥事不懂、又啥事也不想知道的女子，比起时时在求知、老想知道更多事情的女子好管太多了。可是这是过时的观念了。他们并不明白，如果我晓得一些事情的话，对他们的孙子会更有好处。如果我读些书的话，就可以将所学传授给我的小孩，做个更称职的母亲。

趁徐家人慎重考虑我该不该去西方的时候，我乞求老爷给我请个老师。老爷的哥哥有几个还没出嫁的女儿也想求学，我就和这三个年纪比我小的女孩一起上课。徐家决定让我去和徐志摩团聚的时候，我已经读了一年书，但这个决定和我进一步的学业没有一点儿关系。我想，我公婆之所以决定送我出去，是因为他们也怀疑徐志摩出了岔子。他放弃哥伦比亚大学的博士学业跑去欧洲，已经让每个人大吃一惊了。他的来信中透露出不安和忧郁，令他的父母感到忧心。

我为愿望的达成感到欢喜，只是得把两岁的儿子留在公婆身边。另外，徐家让我得跟着某一家人一起成行。男人单独远行已经不妥了，女人单独这样做就是涉险。幸好有个从西班牙领事馆来的中国家庭（先生、太太和两个小孩）[1]准备前往马赛，于是我们搭上同一艘轮船一起旅行。一路上我完全不用照看小孩，只是坐在自己的舱房里。

夜里，我躺在船舱中的床上，琢磨着第一眼看到徐志摩的时候要有怎么样的举动。想起我与他之间长期保持沉默（他一开始就说我是"乡下土包子？"），我心情非常沉重。我和婆家住在同一个屋檐下已有五年了，却一点儿也不了解我的丈夫。我试着告诉自己，我们之间的距离还不至于隔得太远。在船上，我记起自己辛辛苦苦跟着老师上课的情形，心想也许徐志摩会注意到我现在的学识有长进。我也盼望能到西方努力求知，学习英文。

同船的其他乘客得知我出国是为了与丈夫团聚，都说我福气真好。他们说，你丈夫要你去真是太好了！我听了无言以对，因为我心里明白，徐志摩并没有要我去，我是被婆家送去的。我想，我公婆同意让我去的理由，只是在提醒徐志摩对家里的责任。

---

[1] 指刘崇杰一家。刘崇杰（1880—1956），字子楷，福建闽县（今属福州市）人，1920年开始担任中华民国驻西班牙（时称日斯巴尼亚）兼葡萄牙特命全权公使。陈从周编《徐志摩年谱》中作"刘子锴"。——编者注

三个星期以后，那艘船终于驶进了马赛港的码头。我在甲板上探着身，不耐烦地等着上岸。然后，我看到徐志摩站在东张西望的人群里，同时心凉了一大截。他穿着一件瘦长的黑色毛大衣，脖子上围了条白色丝质围巾。虽然我从没看过他穿西服的样子，可是我晓得那是他。他的态度我一眼就看得出来，不会搞错，因为他是那堆接船人当中唯一露出不想在那儿的表情的人。我们已经很久没在一起了，久到我差点儿忘了他一向是那样正眼也不瞧我一下，将眼光直接掠过我，好像我不存在似的。

　　在海上旅行了三个星期，我感到地面在我脚下晃动，可是其他事情一样也没变。等到我站在徐志摩对面的时候，我已经把脸上急切、快乐、期望等种种表情收敛住了。在那一刻，我痛恨徐志摩让我变得如此呆板无趣。和他在一起的时候，情况一直是这样。我凭什么以为我们会有话可谈，他会尝试让我觉得我是他世界里的一部分呢？

　　他说他想看看巴黎，于是我们就从港口直趋火车站。连坐火车的时候，我们也很少交谈——大概稍微谈了点儿我旅行的经过和婆家的情形。我们抵达巴黎的头一站是家百货公司，他和售货小姐帮我选了些外国服装。而我从硖石的商人那儿千挑万选、上岸前一天晚上小心翼翼地在船舱里摊开打算穿的衣服，全都不对劲儿了。

我不晓得徐志摩讲的是哪国话——我猜一定是法文，虽然我不认为他懂法文——不过，他和正在为我挑衣服的售货小姐聊了起来。他一边摇头，一边冷冷地上下打量着我说，不行，那件洋装不好。另外一件怎么样？他把洋装贴在我身上——这是我抵达欧洲以后，他第一次碰我。当我看到镜中的自己穿着那袭修长的洋装，感觉到腿上那双线袜的触感和脚上那对皮鞋的紧密时，我都不认得自己了。我们还买了一顶帽子搭配这套服装。到欧洲的第一天，我穿着新衣，和徐志摩一起照了几张相，寄给老爷和老太太，让他们看看我们一同幸福地住在异乡的模样。

接着，我们又搭乘飞机由巴黎飞往伦敦，那飞机小得我非与他双膝交叉对坐不可。以前我从没搭过飞机，因为晕机吐在一个纸袋子里。我并不害怕，那只是因为空气不好，机身又颠来颠去的缘故。我吐的时候，徐志摩就把头撇过去，嫌弃地摇着头说："你真是个乡下土包子。"

话才说完没多久，他也吐了。事实摆在眼前，我带着小小的怨气，轻声说："哦，我看你也是个乡下土包子。"

徐志摩有两个朋友在伦敦机场和我们碰头。巴黎和伦敦之间每天的班机服务显然是在一年以前才开通，他的朋友急切询问我们这趟飞行感觉如何。徐志摩突然之间变得生龙活虎，兴奋地用英文和他们聊了起来。他们也是中国人，我们本来可以都讲中文的，可是徐志摩不想这么做，所以他们三个人就这样把我排除在了谈话之外。其中一个朋友每分钟都停下来把裤子拉高，另外一个朋友老是皱起半边脸,紧张地抽搐。

剩下我们两人的时候,我对徐志摩说:"这就是你朋友啊!"可是他又丢给我一个空洞的眼神,掉头走开了。

到了伦敦,我们住在一个俱乐部里,好像城里所有中国人都在这儿了。那段时间,我们很多人都住那儿,大家互相熟识,都是为了某个理由来伦敦求学。那些认识徐志摩的人见到我都睁大眼睛,仿佛很惊讶似的。徐志摩这时候在伦敦已经住了一年,正在伦敦政治经济学院修课。

我们和每个人都讲中文,吃的也是中国菜,连徐志摩都好像脱去了那层洋里洋气的外壳。他会小口小口地喝茶,有时候还换上长袍到楼下吃晚饭,我们和其他中国人统统在那儿用餐。也许他在吃中国菜的时候比较喜欢穿中国衣服吧,我也搞不清楚。

饭厅的隔壁是间休息室,每个人吃过晚饭,都到那儿聊聊政府和政治,诗词和文学,其中也有少许几位女士。我话不多,就坐在那儿听人高谈阔论。有几个人知道而且景仰我二哥和四哥,就来告诉我。

还有一个人问我打哪儿来,我告诉他从硖石来,他就问我是哪个人家,我告诉他是徐府。他说:"哦,徐府有个叫作徐申如的人。"

我说:"对,他是我公公。"

他又说:"哦,徐府很有钱,是浙江省最有钱的人家之一。"

讲这种事情非常奇怪,因为中国人认为谈论金钱是很没礼貌的。我不知该如何答对。

停了半晌，我才说："大概是吧，我们年轻人不插手生意上的事。"

我知道，既然我到了西方，就可以改变我的行为举止了。我可以上街，看自己想看的东西，可是我没去。一直到今天，我还是不明白，为何当时除了整天等着徐志摩，我什么事也没做。就算可以自主行事了，我甚至连想都没想过。

他一直在忙自己的事，好像我不在那儿似的。他冲进冲出，安排这安排那。他就要成为康桥大学王家学院的文科特别生，打算搬到康桥去，要租房子，还要筹划旅行的事。徐志摩叫我待在房里别管他，所以我就坐在伦敦市中心的中国人俱乐部里，觉得若有所失，因为其他中国人都有事情要办，有功课要完成，连女士们也一样，而我却无所事事。徐志摩隔一段时间会回房间，而他回来只不过是为了要再离开。每次他发现我还在那儿，就露出惊讶的表情。我心里应着：我会去哪儿？说不定他以为每次丢下我不管，就可以凭意志力让我消失得无影无踪。

我起先以为是我不能自立，才让徐志摩对我退避三舍的，可是事情并不如此单纯。他每天早上都穿着浆得笔挺的尖领衬衫和钉了三颗扣子的毛料夹克，行为举止也像这些穿着一样洋化。对我来说，他就是个外国人：言谈间加重语势时，手里拿的是一根燃着的香烟，而不是一把折扇；喝的也是加了糖和奶的淡色浓茶。

有一次，徐志摩把一个名叫狄更生（Goldsworthy Lowes Dickinson）的人带回家，称他为"Goldie"。我知道这是安排徐志摩到康桥大学读书的人之一。当他用英文和狄更生交谈时，他的确活在一个不同的世界。跟朋友在一起的徐志摩总是那么样的快活，但我能看出他特别喜欢狄更生，虽然我只看过他们两人在一起一次。我看到他手舞足蹈，听到他言语中满是崇敬。当他送走狄更生返回屋里面对我的时候，又露出全然不屑的神色。

于是我对徐志摩起了反感。虽然他从不辱骂人，可是平常一到晚上，他就不高兴看到我在那儿。当阳光普照、他不必和我长时间待在一起的时候，他就对我摆出平和甚至愉快的态度。到了黄昏时分，某种忧郁的神情仿佛无可避免地降临到他脸上。当黑夜来临，他向朋友道过晚安之后，他好像又敏锐地察觉到了我们厮守的命运。自从我到欧洲以后，我们又自然而然地成为没有感情的夫妻。有一次，他和我一起躺下后，他的呼吸声不但没有缓和下来，反而因为觉得挫折和失败而扬起——在这世界上，他最想做的事便是摆脱我，却败给了我的肉体，并对我们要在一起这件事感到气馁。

早在伦敦时期，我就怀疑徐志摩有女朋友了。有一次，我们搭乘一辆公共汽车——我想是前往南安普敦（Southampton）访友时搭的那辆吧——我一个人坐在靠近车尾的位子上，徐志摩和一位男性朋友坐在车子前头离司机不远的地方。从司机那面大型后视镜反射的影像中，我可以看到徐志摩和他朋友正在深谈。在某一时刻，徐志摩一边示意他朋友别开口，一边指指坐在后面的我。而我直到那时才发现，自己一直在观察他们。我想知道，徐志摩还有什么想瞒着我的事？

同时，我也好奇，他为何会为了瞒住我这件事而心浮气躁。也许他对这件事的处理方式是很西化的，但在中国，男人纳妾是很正常的事。他父母替他挑选大太太，也就是原配夫人，他自己物色小太太，也就是妾——至于娶几个，就看这男人有多大财力了。原配夫人不能反对他娶小老婆，她其实有义务欢迎小老婆入门。"妒"是"七出"（男人可以休弃女人的七个理由）之一。

男人纳妾的理由有二，主要理由是大太太不能生儿子。就拿徐志摩老师梁启超的原配夫人做例子吧。她没生儿子，只生了个女儿，生的时候年近四十岁，正和梁启超住在日本。由于无法履行对梁家的责任，她就回国挑了个小老婆，带着这个二太太一起回日本。这位大太太被教养得很正统，知道她对梁家的责任。

男人纳妾的第二个理由是他想拥有她。老爷就是想拥有很多女人——东西南北各有一个——正如徐家用人说的那样。他可以轻而易举地邀请这些女人中的一个到家里和我们住在一起，而接受她则是老太太的责任。

那天坐在车上，我讨厌自己心里难以平抑的失望，试图盯着车窗外的风景看。我早该料到徐志摩有女朋友的，要不然过去他在国外那两年，为什么没来信要我去呢？

第九章

小脚与西服

我读大学的时候，有一次和男友陪一位从中国来的年轻研究生共进早餐。我已经不记得他的姓名，只记得他到哈佛大学做一天左右的访问。我当时的男友大卫是个白人，他学过中文，对中国事物（包括我在内）很感兴趣，所以通过一个学术交流计划，自愿留这位研究生过夜。

剑桥市那天清晨是个典型的新英格兰大冷天，我们三人坐在几乎是空荡荡的餐厅里用餐。我心想，这又是轻松平常的一顿早饭，我可以在那儿看报纸，为即将来临的课程忧心，而且大部分时间不用和大卫或那位来访的学生交谈。我与他见面只是为了吃那顿早饭，而不是像大卫那样，觉得从中国来的人多么新鲜。

当我起身再去倒些咖啡的时候，那人用中文对大卫说："她已经不再是中国人了。"

后来，大卫告诉我这件事，我听了勃然大怒。这个人有什么权力说那种话？他怎么知道什么叫作中国人，什么不叫中国人？难道只因为我生长于西方，不在中国长大吗？

当我阅读徐志摩在西方的求学经历时，我对这人所下的评语做了许多思考。徐志摩1918年远赴美国，一年后自克拉克大学毕业，又在纽约哥伦比亚大学取得政治学硕士学位，接着开始攻读博士。1920年10月，他凭着一股冲动放弃美国学业，漂洋过海到英国。他本来打算跟着伯特兰·罗素读点书，却发现罗素当时根本不在英国，而且因为在战时主张和平，他已经被剑桥大学除名。失望之下，徐志摩到伦敦政治经济学院注册了学籍。他在那儿遇见了狄更生，后者安排他到剑桥大学王家学院就读。

1989年夏天，我漫步于剑桥大学壮观的草坪和中世纪的纪念碑间，心中想象着徐志摩在1921和1922年间必然曾于此地造成轰动。根据记载，瑞恰慈（I. A. Richards）[①]曾邀请徐志摩参加"异端社"（Heretics' Club）这个专门讨论韵律学和翻译的文学圈子的活动；之后福斯特（E. M. Forster）[②]描写过，与徐志摩见面是他毕生最兴奋的事情之一；出于对徐志摩的仰慕，狄更生也一直戴着徐送他的瓜皮帽。

徐志摩的那些西方朋友一定觉得，他同时带着异国情调和堂吉诃德式的气质：一个头脑聪明、个性浪漫、在西方发现了

[①] 美籍英国文学评论家。——译者注
[②] 英国小说家。——译者注

同类质趣与传统的中国人。我认为徐志摩拥有东西方最优秀的特质，很羡慕他能如此融入西方世界，做得比我这个成长于西方的人要好。他是如何与西方人成为朋友，而不是被他们喊成"清客"、加以辱骂的？他似乎拥有一切：中国人推崇他，西方人也欣赏他。

难道他是用一种对待自己同胞时所没有的盲目态度去接纳英国人的？我大部分朋友也不是中国人，这是否意味着我和徐志摩一样，都是为白色脸孔着迷的人？

念大学的时候，我很羡慕那些只和自己人搭上关系的中国人。他们彼此以中文交谈，结成一大伙四处晃荡。他们看起来总是那么自在满足，而每当我和其他中国人在一起时，就会情不自禁地忸怩起来，担心我们在校园漫步的时候，别人会当我们是外国人或局外人。

当我与西方朋友一起走过一群中国人身边时，我又没办法不好奇他们对我持何种看法。他们会认为我鄙视自己的传统吗？我和什么人在一起都有问题。譬如说，如果我走进一家中餐馆，服务生马上跟我说起中文的话，我就会有压迫感；要是他不跟我讲中文，我也同样觉得不安。

我想和华裔男子约会，也想和西方男子交友——前提是后者对中国略有认识。而那些主要和华裔女子约会的西方男子也令我疑窦丛生。这些人认为我们华裔女性比美国女人更卑躬屈膝、有异国风情吗？更教我生厌的是那些自称对中国极感亲切，以至自认为比我们自己更了解中国人的老外。而最令我痛恨的，是那些斗胆想对我剖析我自己的人，无论男女。

我们搬到一个叫作沙士顿（Sawston）的小镇，那地方离康桥大学大概有六英里[1]远。多亏狄更生，徐志摩就要在这所大学的王家学院当文科特别生了。我们租了间有两个卧房和一个客厅的小屋，从客厅的凸窗可以俯视一条都是灰沙的小路。我们住的那条街只有三栋房子，环绕在我们四周的是羊儿吃的青草地。屋子后面通向一座高起的阳台，再走远一点儿，有个旁边长满杂草和灌木的池塘，就和张家合院后头一样。

起初，我希望学点儿东西。徐志摩请了个女老师来家里教我英文。后来英文课半途而废，因为那个女老师埋怨她要走的路太远，当时我已经学完字母表，会讲"早安"和一点点会话。我事后才纳闷，为什么我没有坚持要她或是徐志摩让我继续上课。不过，那时候有太多事要忙了：买东买西，打扫内外，还有料理三餐。

我来英国本来是要夫唱妇随，学些西方学问的，没想到做的尽是清洁房子、洗衣服、买吃的和煮东西这些事。许多年以后，我和第二任丈夫苏医生一起回沙士顿，很讶异当年自己是如何在那小屋里安排每天的日子的。我好像家乡的用人一样，坐着公共汽车去市场，再拖着食物回家里。有几个星期，我们接到徐家寄来的包裹，里头装了些中国土产和烹饪配料，可是大多数时候，

---

[1] 约合9.7公里。——编者注

我都是靠自己张罗吃的。我不晓得自己是怎么办到的。当时我啥事也不懂，又老是缺钱用，徐志摩给我的生活费几乎不够支付家用。市场离家很远，所以我大部分时候都仰仗一个把货车停在我们家门前，卖我新鲜食物的菜贩。那时候，我知道的事情真是少啊！我记得我们客厅的壁柜里有个奇怪的机器，我不晓得那是吸尘器，所以一直用扫把打扫。

那时我有没有想过我们夫妻都到西方以后，丈夫对我的态度会有所改变呢？在中国，夫妻之间应该保持距离，尤其是在公婆面前，以表示尊重。可是在西方，就我们两人一起，徐志摩和我本来可以为所欲为。不过，只有徐志摩做到了，他爱来就来，爱去就去。虽然如此，他总是在家吃午饭和晚饭，也许是因为我们太穷了吧！如果饭菜好吃，他就一句话都不讲；要是饭菜不好，他也不发表意见。他的心思飞到别处去了，放在书本与文学、东西文化上面。

今天你们年轻人知道怎么样讨论事情，像你大概就会尝试和你先生商量大小事情，可是当年我没办法把任何想法告诉徐志摩。我觉得我找不到任何语言或辞藻说出：我知道自己是旧式女子，但是若有可能，我愿意改变。毕竟我人在西方，可以读书求学，想办法变成饱学之士。可是我没法子让徐志摩了解我是谁，他根本不和我说话。我和我的兄弟可以无话不谈，他们也和徐志摩一样博学多闻，可是我和自己的丈夫在一起的时候，情况总是:"你懂什么?""你能说什么?"他骑着自行车往返于沙士顿火车站和康桥之间,有时候乘公共汽车去校园。就算不去康桥,他每天早上也会冲出去理发,我完全不能理解他这个习惯,觉得他大可以简简单单地在家修剪头发,把那笔钱省下来,因为我们好像老在等着老爷寄支票来。可是,徐志摩还是我行我素,做了好多我无法置喙的事情。

就拿郭君作例子吧。他的名字叫郭虞裳,我搞不清楚这个人为什么会有一天出现在我们家,然后就搬进来和我们同住了。起先,我以为是徐志摩需要那笔房租。现在回想起来,又认为大概是郭君一直独居,而徐志摩告诉他,住在一间有人烧上海菜给他吃的房子,日子会好过得多;也可能是徐志摩不想和我大眼瞪小眼地独处。总之,郭君住进了另一间卧房。在这之前,徐志摩一直用那间房当书房。郭君不常去康桥,而是整天待在房里用功。所以,如果他要散步的话,有时候会和我一道去市场,或是到杂货铺帮我取些东西。我感谢有郭君为伴,至少他会和我聊聊。

我白天很少看到徐志摩,他总是在学校。不过,有一次他带我去康桥看竞舟,还有一次带我去看范伦铁诺①的电影。我们必须得在白天去看电影,因为晚上没有大众交通工具可搭。我们本来打算去看一部卓别林的电影,可是在半路上遇到徐志摩的一个朋友,他说他觉得范伦铁诺的电影比较好看,徐志摩就说,哦,

---

① 鲁道夫·范伦铁诺(Rudolph Valentino),1895—1926,意大利裔美国电影演员。——编者注

好吧。于是我们掉头往反方向走。徐志摩一向是这么快活又随和。他是个艺术家兼梦想家,而我却完全相反。我们本来要去看卓别林的电影,结果却去了别的地方,这让我不舒服。当范伦铁诺出现在银幕上的时候,徐志摩和他朋友都跟着观众一起鼓掌,而我只是把手搁在膝盖上,坐在漆黑之中。

我们在沙士顿的生活过得穷困潦倒。如今我一读到描写康桥的文章,就会想到当初我可以做的种种有趣的事情。我可以沿着几座古桥散步,欣赏那群建筑的结构;也可以坐在康河岸上纯粹享受自然。在硖石的时候,我渴望出门四处逛逛看看,可是家人不准我单独上街。到了沙士顿,我有出门的机会,却没有出去。

随着夏日的热浪来袭,我身上出现了有小生命的征兆。我从怀阿欢的经验确认了早上出现的反胃和虚弱的症状。在硖石的时候,我想要也需要生孩子;而在沙士顿,我不知道要怎么办。怀孕期间我要怎么料理家务?我能在这儿养孩子吗?我有必要回硖石吗?为了要怎么样把这消息透露给徐志摩,我左思右想了好几天。有天下午,我趁郭君出门时跟他说了大概。

徐志摩听了立刻说:"把孩子打掉。"

我这辈子绝没料到我会得到这种反应。就我所知,打胎是有生命危险的,只有濒临绝境的女人(有了外遇,或者家人快要饿死、喂不饱另一张嘴),才会冒险打胎。

于是我说:"我听说有人因为打胎死掉了。"

徐志摩冷冰冰地答道:"还有人因为火车事故死掉呢,难道你看到人家不坐火车了吗?"说完就没耐心地别过脸去。

"可是我要去哪里打胎?"我问。

他摇摇头说:"你会找到地方的,这种事在西方是家常便饭。"

在中国,生孩子是件有福气的事,特别是生男孩。为了延续香火和敬奉祖先,有必要生小孩。我父母和公婆知道我又怀孕了,一定会高兴得跳起来。可是徐志摩并没有考虑这些,他从西方撷取了另外一种习俗,要我把孩子打掉,好像生下这孩子是个耻辱似的。要是我们的双亲知道他把另外一个孙儿从他们手上夺走的话,他们会说些什么呢?

与我们相邻的房子住了一对姓胡的中国夫妇[①],两人都在康桥读书,而且是听了徐志摩的建议,搬来沙士顿的。他们家距离马路比我们家还远,所以他们经常穿过我们家后院去学校。和徐志摩谈过这件事的第二天,我在后面阳台晾衣服的时候看到了胡太太,就对她招了招手。

过了几分钟,她攀上阶梯,走到阳台和我寒暄:"你好忙啊,就跟平常一样,我方才还在想,去城里的时候要顺道问候你呢。"

那天我一整个早上都在想打胎的事,而且决定要问问胡太太,看她在这方面知道些什么。我想尽快打听到消息,以防徐志摩再问起我这件事。

胡太太漫不经心地倚着阳台的栏杆,摆出一副好像我们天天

---

① 本书英文版中,这对夫妇的姓拼作"He"。——编者注

都讨论打胎的模样说："这个，今年伦敦才刚成立了第一家节育诊所，你说不定可以到那儿打。"

我问："可是安不安全呢？"同时烦躁地看着正在晾晒的一块桌布上假想的污点，好躲避胡太太探询的目光。

"我不晓得，"她回答，然后好像在回想某件事情似的顿了一下，"说老实话，我听说到法国打胎比在英国打安全。"

接着，她用已经要结束这段谈话的语气强调说："所以啊，如果我是你的话，我会去法国打。"

说完，她就走下阳台阶梯继续上路了，我向她道谢。我看得出来，打胎这件事对她来讲似乎是个相当容易的决定。我很好奇她是怎么知道所有信息的。难道她自己打过胎？是不是所有中国女人一搬到西方就做这种事？

我搞不懂了。我们的小孩是老天爷送给徐家的礼物，为什么会有人想毁了他？身为这孩子父亲的徐志摩，怎么可以如此无情？如果他担心我没办法在西方抚养这孩子的话，我为什么不干脆回硖石生算了？

在我们整个婚姻生活里，徐志摩和我从没有深切交谈过。可是，因为是我哥哥帮我挑上他的，而且我知道他的家庭教养和背景，所以我信赖他。我认为他是个值得尊敬、对家人和宗亲诚实无欺的人，所以我期望自己下半辈子都顺着他。在徐志摩告诉我去打胎以前，我心里从没动过怀疑他的念头。

可是，过了这些日子以后，我发现自己怀疑起这个让我怀了他孩子的男人。难道我一直看错了徐志摩,一厢情愿假想他是个以学术才华光宗耀祖、事父母至孝、为人正直的丈夫吗?如果是这样,那么四哥、老爷和老太太也走眼了。我没法子相信这点。

假如徐志摩的一言一语暗示了他的想法或态度的话,他就不是我所嫁的那个人,也不是那个为了尽孝道而写家书给父母、顺从他们的愿望待我如妻子的人了。他变得完全不一样了,不只是衣着西化,连想法也洋化。我被他这种转变搞糊涂了。这变化是怎么发生的?难道是他的朋友,比如狄更生,还有其他我不认识却听到他和郭君谈及的人造成的吗?还是他求学和读书造成的?这是令徐志摩改变的原因吗?

二哥在西方待的时间比徐志摩久,他的态度并没有变这么多。这也许不是时间的问题,而是个人的问题,是一个人接不接受改变的问题。从小,我就听二哥说我生在一个变迁的时代,如果是这样的话,也许现在正是我应该积极寻求内在改变的时机。假如我不想让徐志摩与我愈来愈疏远的话,我应该做的也许是:抛开信仰,打掉孩子。我决定这么做,不是为了顺从他,而是为了体谅他。我要尽最大努力去打胎,即使冒生命危险也在所不惜。

9月初的时候,我还没去打胎。老爷和老太太按月寄来的支票到了,过了没多久,还随船运了一个冬瓜和别的中国蔬菜来。打胎的费用太贵了,我开始显怀,心想徐志摩会处理这事吧。虽然我已经准备好打掉这孩子,可是徐志摩却没再提起。我不知道这是什么意思。我希望他已经改变心意。不过，另外一件从我到西方以后就一直隐藏在幕后的事情，这时候碰巧浮现到幕前了。

有天早上，徐志摩对我宣布："今天晚上家里要来个客人，她是从爱丁堡大学来的一个朋友，我要带她到康桥逛逛，然后带她回来和我一道吃晚饭。"

我们家里从没来过客人，所以我很惊讶。可是我只对徐志摩点了点头，问他想要什么时间开饭。

他说："早一点儿。"我就告诉他五点吃饭。

他说："好。"然后匆匆忙忙理发去了。

我那一整天都在打扫、买菜、准备晚饭。你知道我脑子里有什么念头吗？我以为我要和徐志摩准备娶来当二太太的女朋友见面了。

打从我到西方的第一刻起，还有看到徐志摩和他朋友在公共汽车里聊天的样子时，我就知道他心里藏了个秘密。后来住沙士顿的时候，看到他每天一吃完早饭就赶着出门理发，而且那么热心地告诉我，我也不知怎么搞的，就猜到他这么早离家，一定和那女朋友有关系。

几年以后，我才从郭君那儿得知徐志摩之所以每天早上赶忙出去，的确是因为要和住在伦敦的女朋友联络。他们用和理发店在同一条街上的杂货铺当他的地址，那时伦敦和沙士顿之间的邮件送得很快，所以徐志摩和他女朋友至少每天都可以鱼雁往返。他们信里写的是英文，目的就在预防我碰巧发现那些信件，不过

第九章　小脚与西服　　123

我从没发现过就是了。

当时我并不知道有这回事,只晓得徐志摩要带个年轻女子回家吃晚饭。我只猜到他有女朋友,而且想知道他会不会试图对我吐露这事实。他大可以干脆一点儿,向我宣布她是谁,然后叫我接受她:这是中国人的一套。就算我给他生了儿子,他还是有资格拥有别的女人,不管是像老爷那样和她们玩玩了事,还是娶来做小老婆都行。

徐志摩要我们这两个女人碰面这件事情,给了我这样的暗示:她不光是他的女朋友,而且很有可能变成他第二个太太,我们三人会在这异国他乡同住一个屋檐下。梁启超的小太太就是他在日本求学的时候嫁进他家的,徐志摩显然也会如法炮制。

我那一整天都面临着徐志摩女朋友的威胁。她正在英国一所大学读书,所以比我有学问多了。我料想她会讲流利的英文,也可能和徐志摩一样雅好文学。那她家人是谁?是哪个地方的人?他们认识谁?她兄弟又是何许人?

有一会儿,我想到徐志摩的女朋友说不定是个洋女人。他认识不少洋妞,说不定迷上了她们豪放的举止,大笑时把头往后一甩的姿态,还有穿着露出脚踝的裙子的模样。可是我很快又打消了这念头:不,那不可能,没有外国女人会同意以二太太的身份嫁进一个家庭的。

于是我发誓,我要以庄重高贵的姿态超脱徐志摩强迫我接受的这项侮辱,对这女人的态度要坚定随和,不要表现出嫉妒或生气。我从早到晚不得不一再给自己吃定心丸：我在徐家的地位是不会改变的。我替他生了个儿子，又服侍过他父母，我永远都是原配夫人。

说也奇怪，我竟然想不起那晚来访的女人的名字，干脆叫她明小姐好了。我唯一真正记得的一件事，是她的外表。她非常努力地想表现得洋里洋气，头发剪得短短的，擦着暗红色的口红，穿着一套毛料海军裙装。我顺着她那穿着长袜的两条腿往下看，在瞧见她双脚的时候，惊讶得透不过气来，那是双挤在两只中国绣花鞋里的小脚。原来这新式女子裹了脚！我差点儿放声大笑。

所以，她根本不是我盼望看到的那种女人，我还以为她百分之百的新潮呢。后来的事实证明，我猜得没错。只不过，徐志摩的女朋友是另外一位思想更老成、长相更漂亮、双脚完全自由的女士。这个明小姐根本不是徐志摩的女朋友，但我当时并不知道这件事。

我们四人（连郭君在内）坐在一起吃晚饭。明小姐说她也是在上海市郊长大的，而且提到了我认识和不认识的几家人。她父亲在外交部任职，可是我没听说过他。我只有一个想法：如果明小姐家里这么新潮，肯让她只身到海外求学，为什么还把她的脚缠了？

后来，徐志摩、明小姐和郭君开始讨论英国文学，言谈间中文里夹满了英文词，所以我几乎没法听懂他们的谈话。我注意到徐志摩说话的时候不停地看着地板，偷窥明小姐的脚。于是我不由自主焦躁地把我的大脚伸到桌子底下，差点儿就踢到徐志摩。他为什么如此平起平坐地对待她？她看起来是这么特异，那身外套和裙子与她的小脚摆在一起，完全不相称，而且根本不成比例。她父母看到她那样子把两只脚露在外面，会做何感想？

徐志摩把我给弄糊涂了，这难道就是他到伦敦两年来一直约会的女人吗？为什么是她？他老是喊我"乡下土包子"，如今他带回来这么个女人——光看她那双脚，就显得比我落伍了。是，她受过极好的教育，可假如徐志摩打算接受这种女人的话，他为什么不鼓励我向学？为什么不让我学英文？为什么不帮我变得和普通大脚女子一样新潮？

为什么徐志摩想要这个女人进门？他没有小心看紧荷包，现在家里又多了张嘴要喂。我脑海突然掠过一个念头：徐志摩要我去打胎，是不是想把这女人带进家里取代那孩子？想到这儿我都想哭了。这女人对家里会有什么超过孩子的贡献吗？她是谁呀？我看她才不三不四。有了那双小脚，她只会给我制造更多家务事，我还是得一手包办买菜、打扫等种种事情，而且得像服侍老太太那样伺候她。

吃过晚饭以后，徐志摩把明小姐送到火车站，郭君回房休息。我被那个晚上搞得心烦意乱，笨手笨脚慢吞吞地洗着碗盘。徐志摩回到家的时候，我还在厨房洗碗。他一副坐立难安的样子，在我身边转来转去。我对他气愤、失望、厌恶之至，差点儿说不出话来。我洗好碗盘以后，徐志摩跟着我走到客厅，问我对明小姐有什么意见。

虽然我已经发誓要采取庄重随和的态度，可是因为脑子里有太多念头在打转了，就冲口说出心里出现的第一个想法。因为我知道我应该接受他挑选的小太太，我就说："这个，她看起来很好，可是小脚和西服不搭调。"

徐志摩不再绕着客厅走来走去，他把脚跟一转，好像我的评语把他的烦躁和挫折一股脑儿宣泄出来似的，突然尖叫说："我就知道，所以我才想离婚！"

这是徐志摩头一次对我提高嗓门。困惑、惊讶、恐惧一起袭来，我从后门逃了出去。我得好好想想，一个人静静。夜晚冰凉的空气冲进了我的肺里。

徐志摩一路追着我到阳台，气喘吁吁地出现在我身边说："我以为你要自杀！"

他以为我太保守，所以担心我会一头撞到阳台栏杆上。我望着外面黑暗的夜色，又回头看着徐志摩那张被客厅透出来的灯光照亮的脸。那一刹那，所有事情——我们之间的痛苦、误解、分歧——好像都荒唐地凑在一起了。

当天晚上我上床的时候，徐志摩还在客厅用功。不过，到了三更半夜，他蹑手蹑脚进了卧房，在低下身子爬上床的时候拽了拽床单。他背对着我睡下，身体轻轻擦到我。我虽然知道他是不小心的，却有一种这是我们身体上最后一次接触，也是在向我们那段可悲的亲密关系挥手告别的感觉。

  事后我们有好些天没说话。虽然这一点儿也不新鲜了，可是我还是觉得那种死寂快教人受不了了，徐志摩那天晚上说话的声音在我脑中回荡不已。以前他从没那样发过脾气，这很明显地表露了他沮丧的程度；而他在要求我离婚的那一刻，已经把我们生活的次序破坏掉了。我现在没办法拿捏他的脾气了。他说话的时候，我怕他会再提高嗓门；不说话的时候，我又担心他什么时候会再那样。我仔细察言观色，注意他一举一动。每当他离开饭桌跨出大门的时候，他好像急躁、紧张，又怀有目的似的。有天早上，他头一次完全没碰早饭就走了，我从屋子前面的大窗看着他踩着脚踏车踏板顺着街道离开，心想不晓得接下来会发生什么事。

  他要离婚？为什么？难道他觉得我没好好服侍他或是他父母吗？他是不是以为我不愿意接受小太太？我觉得和徐志摩谈离婚的事一点儿意义也没有，有人会谈钱的问题或是早饭要吃什么，可是不会商量离婚的事情。如果徐志摩已经说了他要离婚，商量也为时已晚。

  这样大约过了一星期，有一天，徐志摩就像他当初突如其来要求离婚那样不告而别了。他第一天、第二天，甚至第三天没回家，我都还以为他可能去伦敦看朋友了。陪我买菜的郭虞裳虽然还住我家，可是连他也不知道徐志摩的行踪。我的丈夫好像就这样不见了。他的衣服和盥洗用具统统留在家里；书本也摊在书桌上，从他最后一次坐在桌前以后就没碰过。我知道，要是徐志摩早就计划离家出走的话，至少会记得带他的书。

一个星期过完了，他还是不见人影。郭君好像猜到事有蹊跷，有天一大早便带着箱子下楼说他也非离开不可了，说完就走。

这时候，怀孕的身体负荷让我害怕。我要怎么办？徐志摩哪里去了？我没法子睡在与他共枕过的那张大床上；穿过屋里的房间时，总觉得自己会尖叫失声。我完全孤立无援。

待在那屋里的那些日子太恐怖了。有一回我从后窗往外瞄了一眼，看到邻居从草地过去，竟然吓了一跳，因为我有好几天没看到别人或跟任何人讲话了。我也不想过去告诉他们这件事，因为我不觉得这件事情与他们有什么相干。

回想在硖石的时候，当日子一天天变暖，附近的西湖出现第一只游船后，我们就会换上轻薄的丝绸衫或棉纱服，用人也会拿来一堆家人在夏天用来纳凉的扇子。托盘里摆着用牛角、象牙、珍珠和檀木制成的折扇：九骨、十六骨、二十骨或二十四骨的扇子是专给男士用的，因为女士从不使用少于三十根扇骨的扇子。有的扇面题了著名的对子，有的画着鸟、树、仕女和各种东西。

我们整个夏天都用扇子在空中扇着，天气逐渐转凉以后，就把扇子收在一边。所以中文里面有个说法，可以拿来形容被徐志摩孤零零丢在沙士顿的我：我是一把"秋天的扇子"，是个遭人遗弃的妻子。

就在这个时候，我考虑要了断自己和孩子的性命。我想，我干脆从世界上消失，结束这场悲剧算了，这样多简单！我可以一头撞死在阳台上，或是栽进池塘里淹死，也可以关上所有窗户，扭开瓦斯。徐志摩这样抛弃我，不正是安着要我去死的心吗？后来我记起《孝经》上的第一个孝道基本守则："身体发肤，受之父母，不敢毁伤，孝之始也。"于是我打断了这种病态的想法。这样的教诲好像一辈子都挥之不去。

还是在这段艰难的时期，有天早上，我被一个叫作黄子美的男人敲门的声音吓了一跳，他说他知道我一个人在家，又说他从伦敦带了个徐志摩的口信给我。我就请他进门，倒了杯茶给他，以紧张期待的心情与他隔着桌子对坐。

"他想知道……"黄君轻轻皱着眉头，好像正在一字不漏地搜索我丈夫说的话那样顿了一下，"……我是来问你，你愿不愿意做徐家的儿媳妇[①]，而不做徐志摩的太太？"

我没立刻作答，因为这句话我听不懂。最后我说："这话什么意思？我不懂。"

"如果你愿意这么做，那一切就好办了。"黄君接腔，一副没听见我说什么的样子，然后慎重地吸了口气说，"徐志摩不要你了。"

[①] 英文版作"daughter-in-law"，智库版译作"媳妇"，因英文版中另有"adopted daughter"表示"干女儿"，则此处译为"儿媳妇"。——编者注

他说这些话的时候，我试着不在他面前露出僵硬的表情，又重问了一遍我的问题："这话是什么意思？"我问，"假如徐志摩要离婚，我怎么可能做徐家的儿媳妇？"

黄君喝了一小口茶，若有所思地打量我的头发、脸孔和衣服。我晓得他准备回去向徐志摩报告结果，一念及此，我就火冒三丈，突然顶起下巴对着他发言："徐志摩忙得没空来见我是不是？你大老远跑来这儿，就是为了问我这个蠢问题吗？"

然后我看着他到门口，坚定地在他背后关上门。我知道徐志摩不会回来了。

早在徐志摩提起离婚的事以前，二哥曾经来沙土顿小屋看望过我们一次。我本来一直在屋后准备午饭，正在点炉火的时候，觉得有什么事要发生了。

"有人来了。"我跟徐志摩说，一边关上瓦斯，一边从厨房跑到客厅窗前，发现是二哥；光看他走路，我就知道是他。他花了整整五分钟从路上走过来，我也在门边站了整整五分钟等他。我离开中国不久，他也离开中国到巴黎求学。他并没说要来探望，可是对于二哥，我会有这种预感。我们就是亲近到那种程度。

黄君离开以后，我终于转向二哥求救。我坐在餐桌前写了封信说明一切，信上提到我怀了三个月身孕，徐志摩要我去打胎；他说我们两个就像小脚配西服，所以他想离婚；现在他下落不明，可是刚刚差遣了一个朋友来，问我愿不愿意"当徐家儿媳妇，而不当他太太"。我问二哥，我该怎么办？

信写完以后，我走到楼上卧房，把手伸进梳妆台最上面一个抽屉的后头，拿出薄薄的一叠信，那都是二哥写给我的，和他写给我跟徐志摩的信分开放着。我瞄了一眼信封背面所写的字，就回到楼下，费劲地把二哥的地址抄在一张信封的正面。因为我跟以前那个女老师短时间地学过英文，所以我才有办法把英文字母抄下来。不过，我的字迹还是歪曲零乱，非常难看又显得没学问。想当初，我还以为我会到欧洲求学呢。

我披上一件外衣，走到小杂货铺去寄信。回到家时，天都黑了。我给自己烧了顿白饭加包心菜的简单晚饭，然后打开所有电灯独自坐在屋里，从徐志摩离开以后，第一次落泪。

几天以后，二哥来信了，我赶忙把信撕开。二哥劈头就用一句中国老话表达他对离婚消息的哀痛："张家失徐志摩之痛，如丧考妣。"由此可见二哥热爱徐志摩的程度，就和爱自己的父母一样。

二哥指点我："万勿打胎，兄愿收养。抛却诸事，前来巴黎。"

有了这句话，我就在一个秋天的早上离开沙士顿了。我关上身后的门，尽量把东西都带在身上，从那条沙土飞扬的小路走到火车站，就和徐志摩一样一走了之。唯一让我一想起来还觉得遗憾的，是把老爷和老太太大老远从家乡运来的冬瓜丢下了。

第十章

贤贤妻子

在我访问幼仪的那五年间,她唯一哭过的一次,是在她描述二伯祖听到他们离婚消息后表示哀痛的时候。我无法相信张家人爱徐志摩会爱到这种程度。

看到幼仪尝试做好每样事情,到头来却还是受到伤害,就让我感到锥心之痛。她为什么这么在乎自己离婚会让哥哥和家人失望?她一直都在努力尝试做徐志摩的贤妻啊!

我大学毕业那年夏天,妈问我这辈子想做什么,我不知道答案。当时我大部分同学都已经在投资公司实习两年,我却在没有未来计划、工作也无着落的情况下回到爸妈家。我只想继续撰写幼仪的故事,再和她多聊一聊,与她一起讨论她的生平。

"那书写完以后呢?"妈问我。

"我不知道,"我对她说,"我看不到未来。"

"如果你不晓得要做什么，那没关系。"妈说，但她显然还是在担心我。她等了一下又说："要是你只是想嫁人的话，也没关系。"我听了莫名其妙地看着她，因为我压根儿没想过这件事。

当时我二十一岁，和幼仪被徐志摩遗弃在沙士顿的时候同龄，也和妈嫁给爸时的岁数一样。虽然我的确期待将来和某个人一起生活，但当时根本没有结婚的念头。我的个性还有这么多没有定型、没有发挥的部分。我觉得自己尚未准备好要面对妈当初所做的抉择或所担的责任。她婚后不久就有了孩子，在爸到纽黑文的时候，她还差短短一年就拿到博士学位，却中途辍学。

大学毕业典礼结束后，我与幼仪见了一面，众人当中的她问我什么时候结婚。

为了满足她的好奇心，我装作一副胸有成竹的样子答道："二十八岁。""不行，不行，太迟了。"

幼仪说："二十五岁才是合适的年龄。"她好像在和我妥协似地宣布。

虽然我对婚姻没有一定的看法，但我知道如果幼仪的遭遇降临在我身上的话，我一定会被击垮。当幼仪告诉我徐志摩爱上林徽因[①]的时候，我为她感到又气又妒。林徽因是中国国际联盟同志会理事林长民之女，当时芳龄十七，人长得漂亮，又受过良好教育。1920年夏天，徐志摩通过他的老师梁启超，在伦敦认识了林徽因和她的父亲。先是徐志摩和林长民成为忘年交。他们玩

---

① 原名林徽音，1935年改名林徽因。——编者注

过一些文学游戏，譬如互通情书，由徐志摩扮作年纪稍长的男士，林长民装作少妇。①最后是林徽因和徐志摩双双坠入情网。

回望幼仪和妈的一生，我对婚姻怕得要命。我不想只做个妻子，而是希望能像林徽因之于徐志摩一样，既是恋爱对象，又在学识上旗鼓相当。而把一个有主见的女人变成嫁鸡随鸡的女人，那样的婚姻是什么滋味？一个中国女子出嫁以后，是不是就无法成为本来可以变成的样子了？当然，幼仪生存得很好；妈在督导三个孩子成功完成学业（三人都是哈佛大学毕业生）以后，修完了博士学位；林徽因婚后成为一名成功的建筑师。那么，我会如此烦心和困惑，究竟是为了什么？

我对于从家里到沙土顿车站那段漫长路程、横渡英吉利海峡的旅行经过，还有后续发生的事情，印象都很模糊了；这些在我刚到巴黎，和二哥一起坐在他公寓里的时候，就已经记不清了。当时我的英文太糟糕了，只认得二哥在信里头拼给我看的"Paris"这个词。我一路上都在寻找这个可以和其他外国词语区分的词。

在横渡英吉利海峡的那条船上，我这辈子第一次做了违背

---

① 原文如此，或系误记。徐志摩《〈一封情书〉按语》（载1926年2月6日《晨报·副刊》）中称："四年前我在康桥时，宗孟在伦敦，有一次我们说着玩，商量彼此假装通情书。我们设想一个情节，我算是女的，一个有夫之妇，他装男的，也是有妇之夫。"据后附林长民作《一封情书》，林化名"苣冬"，徐化名"仲昭"。（见《徐志摩全集》第2卷，第392页，韩石山编，天津人民出版社，2005年5月第1版）——编者注

徐志摩意思的决定：把孩子留下来。回想过去在沙士顿的那一年，徐志摩对我冷若冰霜，不理不睬，甚至叫我去打胎的时候，我都因他是我丈夫而尊重他、顺着他。可是，在他没把家里安顿好，罔顾他对我，还有他未出世孩子的责任，就把我丢在沙士顿不管以后，我再也不认为他是个好丈夫了。如果他要用这种方式抛弃我的话，我凭什么应该当个贤妻，听从他的要求去打胎？我可不愿意像徐志摩突然把我丢下那样，遗弃我的小孩。

我到巴黎的时候，二哥告诉我，他愿意收养我生的孩子。起初，我认为这是最通情达理的解决办法，心想假使我离婚的话，我一个人要拿这孩子怎么办？可是，和他住了一个星期，我才发觉不管他立意多好，他都没办法独立照顾我的小孩。二哥那时候还没结婚，整天埋头研究他的哲学，我变成了照料家里的人。为了读懂法国思想家的著作，他每天在巴黎大学上法文课，而且打算几个月后转到德国耶拿大学（Jena University），投入德国哲学家倭伊铿（Rudolf Eucken）[①]的门下。

我也考虑到了远在硖石的老爷和老太太。不管徐志摩和我之间发生什么事，我还是阿欢的母亲。我希望他有个弟弟或妹妹，而老天爷已经赐给我这么多福分了。所以我心想要是我离婚的话，我愿意把这孩子送回家乡，求徐家收养。

一提到回国，我就紧张。我觉得如果我离婚的话，大部分的人都会怪罪于我。他们会以为是我犯了错，因为自古以来，往

---

① 倭伊铿专攻生命哲学之研究，于1908年获得诺贝尔文学奖。——译者注

往都是男人把妻子给休了。他会签下一纸休书，上面列出公认休妻理由中的某一条或某几条，这些传统的休妻理由就叫"七出"。一个妻子犯了下面的过失，就要被丈夫赶出去：一、不顺父母；二、无子；三、淫；四、妒；五、有恶疾；六、多言；七、盗窃。

假使离婚的话，人家可能会以为我虐待老爷和老太太，不肯接纳徐志摩的女朋友，或者是我和郭君有婚外情。要是他们认为我犯了"七出"的任何一条，就会说我闲话，而且会排挤我。

二哥告诉我别担心，他说天知地知我并没有犯下这七大过失里的任何一个，他还告诉我，我的想法过时了。根据他知道的法律，现在只要男女双方都同意，就可以离婚。可是，根据孝道礼俗，如果男方小于三十岁（徐志摩当时二十六岁），女方小于二十五岁（我当时二十一岁），还必须取得双方家长的同意。

我很好奇，徐志摩告诉徐家他想离婚的时候，徐家会怎么办。他父母会同意吗？老爷和老太太很疼我，而且观念守旧，他们大概会坚持要徐志摩与我白头偕老。有段古语说："子甚宜其妻，父母不悦，出；子不宜其妻，父母曰'是善事我'，子行夫妇之礼焉，没身不衰。"① 徐志摩提议我"做徐家的儿媳妇，不做徐志摩的太太"，大概就是因为担心他父母不会答应他离婚吧。

那我自己的父母又怎么办呢？一想到要告诉他们和四哥，我就畏缩了。当年他们特别为我相中了徐志摩，要是他们知道徐志摩想离婚的话，一定会伤心的。我曾经听说有些离婚妇人的双亲

---

① 见《礼记·内则》。——编者注

第十章　贤贤妻子

因为觉得太丢人现眼了，有时候会拒女儿于门外。可是我没做过什么失节操或不正当的事情，所以要是我非和父母住在一起不可的话，我敢说他们会欢迎我回家的。我也相信，如果我父母不得不同意离婚的话，他们愿意点头的可能性非常高。

　　至于我自己呢？我当时想，如果徐志摩不想和我一起生活，而我却要试着不和他分开，那又有什么意义呢？除了同意离婚，我能怎么办？

　　可是，在我怀孕期间，我要怎么样供养自己呢？我手边只有徐志摩在沙士顿给我的一点买菜钱，还有我在那间屋里四处找到的一些余钱。于是我决定写信给徐家，通知他们我的状况。我没告诉他们徐志摩要求我离婚的事，只说他和我分居了，我和二哥住一起，而且在法国求学，因为有人认为住在法国比住在英国有益健康。我在信中完全没提徐志摩，只说我需要钱读书和养小孩。

　　几个星期以后，我在二哥的住处收到一张徐家寄来的二百美元支票。老爷好像相信了我掩盖部分事实的故事，在信上他说会按月寄张支票给我，他很高兴我能照顾自己和孩子。

　　当时我怀孕差不多四个月了，几乎天天害喜。可怜的二哥！他不晓得该怎么照顾我这种怀孕的女人。他说，如果我要怀满月份的话，和女人家住一起会比较可靠。我同意他的说法，虽然我不想离开他，可是当时的情况似乎变成：如果我待下来，就要替他煮饭打扫，结果累坏自己。

安之如仪　　138

二哥认识一对也在巴黎大学深造的刘姓夫妇，他们为了节省房租而住到乡下，不过同意让我免费住他们家一阵子。

二哥说："我告诉他们你身子不舒服，打算在徐志摩出门游历期间找个地方待待。"

当时我们没有一个人知道徐志摩的下落，所以二哥编的故事听起来合情合理。他和我从巴黎乘了一个小时的火车，又从火车站走了大概半个钟头的路，才到刘家。我连那村子的名字都记不得了，不过它立刻让我想起沙士顿，那是个环境非常安静的小村子，村里有一些远离马路的低矮房舍。和二哥一起沿着土路走的时候，我期待在这儿不会过得像在沙士顿那样不愉快。

刘君的全名叫刘文岛，曾经与梁启超和二哥组成非正式代表团参加巴黎和会，20世纪30年代担任中国驻意大利公使[①]。我头一次见到他的时候，他大概三十岁，礼貌、学问都很好。刘太太也在大学里念书。二哥介绍我们认识的时候，他们亲切地看着我。

刘太太先开口说："希望你和我们住在一起会觉得舒服愉快。"

我回答："这样给你们添麻烦，真不好意思。"

刘君插嘴说："哪里，没什么，没什么。我们非常尊敬你哥哥和徐志摩，所以乐于帮忙。"

徐志摩因为思想活跃、气质活泼而受朋友推崇，可是他的朋

---

① 刘文岛于1933年秋调任中华民国驻意大利公使，后经其与意方协商，两国升为大使级外交关系；中华民国驻他国公使方援例升级。刘于次年升为中华民国驻意大利全权大使。——编者注

友知道他是怎么对待自己家人的吗？我笑了笑，在刘氏夫妇面前装出徐志摩知道我去处的样子，也由衷感谢他们伸出援手。

刘太太趁刘君和二哥坐在客厅聊天的时候，带我在屋子里转了转。连那屋子都跟我们在沙士顿的小屋很像，只是看起来让人愉快些；墙上贴的是浅蓝花色，而不是黄色的壁纸，还有一个砌了瓷砖，而不是砖块的壁炉。我的卧房在二楼，与他们夫妻的卧房相对，从里面可以俯视街道。房间的一角立着一个洗脸盆和脸盆架，一张小书桌和一把椅子；另外一边摆着一张单人床和躺椅，窗子旁边有张摇椅，上面放了一块镶边的靠垫，风格与白窗帘很相称。

刘太太说她和刘君白天多半待在学校，不过都会回家吃晚饭。她提议我开始学法文，而且告诉我一个老师的名字。这真是个好主意。我在沙士顿的时候一直想学英文，可是没有继续学下去；法文是我第二次学习机会。我告诉刘太太，我觉得她能跟着刘君在巴黎大学求学很了不起。

刘太太听了大笑说："要是你晓得我说服公婆让我出来有多难就好了。"

她说她一直想出国念书，她丈夫得到出洋机会的时候，她求公婆也送她同往。虽然她已经替刘家生了个儿子，可是公婆还是不愿意让她出去。后来，她和刘君异口同声、慷慨激昂地恳求，才说服二老让她出国。

回想起我自己向公婆争取出国的辛苦，我完全了解刘太太的处境。她有刘君帮着争取到西方，真是幸运啊！而我只有二哥护着，徐志摩并没有给我支持。几年以后，我听说刘氏夫妇双双取得巴黎大学的博士学位，心里高兴得不得了。

看完房间，刘太太和我回楼下找二哥和刘君。我们一起随便吃了顿午饭，近傍晚的时候，二哥回巴黎了。虽然我知道和刘氏夫妇住一起会很舒适，可是看到二哥离我而去，还是觉得难过。

中国人用"沧海桑田"来形容千百年光阴的逐渐推移，我觉得我在法国乡下度过的那个秋天，正是经历了这种变化。刚搬到那里的时候，我还没把握要不要离婚。可是，等我离开的时候，我已经决定同意徐志摩的离婚之议。我要追寻自己承继的特质，做个拥有自我的人。

我本身的成长和肚子里那孩子（我以为是个女孩）的发育正好互相映照。我到法国乡下的时候才怀孕四个月，离开的时候，怀胎已经接近八个月。这期间，我感觉到肚子里起了很大的变化，我知道什么时候孩子手脚动了，也感觉得到她的手指触到了我肚子里头。

徐志摩过去把我们夫妻俩比拟成小脚和西服，起先我被搞得糊里糊涂，因为我根本没有裹小脚嘛。可是，在法国乡下的那几个月，我才发觉，我的行为有很多方面都表现得和缠过脚没两样。在硖石的时候，我从不敢辜负公婆对我的期望，也从没怀疑过古老的中国习俗和传统。

我生长在一个有教养、有远见的家庭，家里的儿子们被送到海外读书。可是我却受到旧时思想的束缚。我必须从思想行为方面拿出勇气。作为家里第一个没有缠脚的女性，我一定要充分利用这个恩赐。

我可以回中国和徐家一起住，告诉他们离婚的事情，然后逼他们袒护我。可那样就是逃回中国，请求徐家或娘家照顾我。我想起打小就学到的关于"志气"的教训，打定主意留在欧洲，想办法凭自己的力量抚养我的小孩。在可以自谋生路以前，我会继续接受徐家按月寄来的二百美元，好照顾我肚子里的女儿。

经过沙士顿那段可怕的日子，我领悟到自己可以自力更生，而不能回徐家去，像个姑娘一样住在硖石。我下定决心：不管发生什么事情，我都不要依靠任何人，而要靠自己的两只脚站起来。小时候，我看到张家失去名节之外的所有，又摆脱耻辱，重整旗鼓。我知道我得尝试做同样的事情来洗刷我的耻辱。

看到刘太太在夜里苦读，我就记起自己在苏州的第二女子师范学校上学，还有在徐家跟着家庭老师念书的情景。当年我也曾经决心要把书读好，而且珍惜自己学到的东西。所以我决定，如果徐志摩与我离婚的话，我要成为一位老师。那样一来，我回国以后，就可以自力更生，以适当的方法教养孩子。

有天傍晚我坐在楼上房间的时候，听到街上传来一匹马和一辆马车经过的声音，原来是有访客来看我了。我跑到窗口一看，果然有人从一辆马车跨了出来，是七弟！他付车钱给马车夫的时候,我打开窗子大喊:"喂,我在这儿,上来吧!"

七弟一见我就哭,不过他向来爱哭,他就是张家人个个说是女人的那位兄弟;家人还说我把妈妈身上大部分的男子气概拿走了,只留下女性特质给七弟。七弟从声音(又软又尖)到体态,甚至连思维方式都像个女人。他想知道我每天吃些什么,对法国菜的看法,还有怀胎的滋味。虽然他说我气色不好,可是因为他特地从巴黎跑来看我,所以我不便与他争论。他自己的气色倒是好极了,就连抹着眼泪,说他万万想不到会找到孤苦伶仃又身怀六甲的我时,气色也一样好。"瞧你这个样子。"他说。

他是一个月前出国的。他告诉我,家乡人都不知道我和徐志摩的事情,爸爸妈妈不知,老爷老太太不晓。我一直从法国写信给两边的家人,老爷也一直按月寄二百美元生活费给我,可是我从没告诉过他们全部的实情。七弟离开上海之前,甚至还见了老爷老太太一面,好帮老太太带一小包徐志摩最爱吃的蜜饯给他。

"徐志摩哪里去了?"七弟问。

自从徐志摩把我丢在沙士顿以后,我就不知他的去向。我局促不安地看着那包蜜饯,力图用事不关己的声音说:"不晓得啊,你有什么消息吗?"

七弟是在前一天打电话给在德国的二哥时,才听闻我的下落的。二哥已经离开巴黎,现在在耶拿大学。七弟说他也准备去德国,不是想学哲学,而是想过得省一点儿,因为马克不停贬值,所以住德国非常划算。本来七弟已经在巴黎一家旅馆订了房间,

第十章 贤贤妻子 143

不过那天晚上，他拉出我床边的躺椅，伸着两腿睡在我旁边。

第二天一早，他就走了。我在厨房洗我们吃早点用的茶杯的时候，才恍然大悟，我一定要随他去德国。我得和某个家人待在一起，要不然我会就此消失在法国乡下。虽然刘氏夫妇对我很好，可是他们不是用我希望中七弟照顾我的方式照顾我。七弟像个女人一样，可以在我怀孕末期帮我煮饭、打扫，照顾我。我可以去德国和他住在一起，在那边生孩子。而且据刘太太讲，德国医院比法国医院还要安全。

于是，我打电话到七弟在巴黎住的旅馆，他人还没到，我就叫柜台带个口信给他，要他在那儿等我，我会与他会合。

那天晚上，我跟刘氏夫妇说明我要随弟弟到德国。我对他们的慷慨表示了谢意，把自己不多的行李打包。我离开刘家，差不多和离开沙士顿一样匆忙。

我怀胎的最后一个多月，是和七弟一起在柏林度过的。1922年2月24日，我生下第二个儿子。生产的时候，没人在我身边。虽然我希望我母亲会像她迎接阿欢那样待在医院，可是病房里就我孤零零一个人。七弟连看都没来看我，因为他认为产妇的房间不是男人去的地方。

我在整个生产过程以及生产完毕之后，一句话都没说，帮我接生的德国医生用法文对我说（因为我非和他讲法文不可），我是他所见过最勇敢的病人。当他把儿子抱来给我看的时候，我差点儿哭出来，因为我想要的是女孩，一个按我的模子刻出来的女孩，而不是徐志摩的翻版。

我在医院大概住了一星期，恶露流得厉害。到了该回到和七弟同住的小公寓那天，我茫然了。我突然很怕带着婴儿一起回家，不晓得要怎么样在柏林着手照顾小娃儿。我要上哪儿去买被子、奶瓶、小床？这些东西我事先都没准备好。我猜当时我以为在他出世以前，我可以无视他的存在。我对要独力抚养小孩感到不知所措。

第二天医生来巡房的时候，我用法文问他我可不可以把儿子留在医院一阵子。

他皱着眉头告诉我婴儿很健康，不需要把他留在医院里。

我回答："是，我知道，可是我没办法照顾他。"他看了一眼床脚的病历表，带着安慰我的笑容说："太太，你很好，别担心，你够健壮了。"

我说："不行啊，拜托！只要让我把他留在医院一小段时间就好。我不知道该怎么办，也不知道该往哪儿去。"

我从医院打电话给七弟，他就过来接我回家。我怀孕自始至终，一直没有徐志摩的消息。但是当我把儿子留在医院，拖着臃肿、胀痛、虚弱的身子回家以后，终于得到徐志摩的音讯。家里摆着一个有他笔迹的信封，看起来好像是有人亲自送来，而不是邮局寄来的。

七弟说那封信是吴经熊投到公寓的。吴经熊是我们一个朋友，曾经就读于密歇根大学法学院，当时拿了另外一份奖学金在柏林念书。在留学海外的所有中国人当中，吴经熊是绝顶聪明的一个。他后来成为上海特别高等法院院长[1]，而且把《诗篇》[2]和《新约全书》译成中文。

我趁七弟把我的东西拿进卧房的时候，向他要了吴经熊的电话号码。电话是吴经熊接的，在我报上姓名以后，他紧张地清了清喉咙。

"噢，这个，是徐志摩叫我把那封信拿给你的。"他解释道。我说："你意思是说他人在城里啰。他人呢？是不是和你在一起？"我听到自己的声音因为失去控制而提高，觉得很讨厌。吴经熊大概觉得自己泄露了徐志摩的行踪，就用生气的口吻说："别管那么多了，只管读那封信吧。"

平常，七弟下午都和我一起待在公寓里，不过今天，却在腋下夹了几本书从卧房出来。

"我得用功去了，"他回头大声说，"晚上会回来。"

我不怪七弟离我而去。他何必介入我的麻烦？我拿起那封信，握在手里好几分钟，心里猜想着信的内容。徐志摩等了这么久才与我联系，这段时间我在不知道他下落的情况下住到法国乡下，又刚刚生下他的孩子。我已经受够了。现在来了这么封信，里面

---

[1] 英文版作"Special High Court in Shanghai"。——编者注
[2] 英文版作"Psalms"，台湾智库版译作《赞美诗》，或不妥。——编者注

会说些什么?是告诉我可以做徐家儿媳妇,但不能做徐志摩太太吗?这封信有什么地方会改变我的想法吗?我已经和他还有徐家分开半年了,所以我觉得不管此刻我感到多么虚弱,不管信上告诉我什么,我都可以自己一个人过。

于是,我小心翼翼地拆开信封,把信展开。信里是徐志摩那一手流畅、漂亮的字迹,诉说着无爱婚姻的不可忍。我的丈夫要和我离婚。他在信上说:

真生命必自奋斗自求得来,真幸福亦必自奋斗自求得来,真恋爱亦必自奋斗自求得来!彼此前途无限……彼此有改良社会之心,彼此有造福人类之心,其先自作榜样,勇决智断,彼此尊重人格,自由离婚,止绝苦痛,始兆幸福,皆在此矣。[1]

信中只字未提孩子,未提他在沙士顿撇下我的事,也未提我们的父母希望我们团聚的事。我觉得徐志摩这番话说给我听的成分,少过说给大众或史家听的成分,他说我们"前途无限""彼此有造福人类之心"是什么意思?我什么时候表现过这些潜力了?他的信让我想起了那天晚上在硖石家中,他走进卧房说要成为中国第一个离婚男子的情景。

所以我又打了个电话给吴经熊,告诉他我要跟徐志摩讲话,我以为徐志摩和他在一起。吴经熊说他不会告诉我徐志摩在哪儿,

---

[1] 初收胡适《追悼志摩》文中,载《新月》第 4 卷第 1 期(1932 年)。——编者注

我就说，算了，他只要跟徐志摩讲，我明天早上会到他家和徐志摩碰面就好。

我告诉吴经熊："我要亲自见徐志摩一面。"因为徐志摩竟然在一封信里向我提出离婚要求！他连亲自在我面前提这要求都办不到。

和吴经熊讲完电话，我跑进浴室，因为我还在流恶露。那天剩下的时间我都躺在床上休息，我想第二天尽可能坚强地见徐志摩。我已经半年没见他了，我想让他看看他弃我而去以后，我一直活得很好。

那天晚上七弟到家以后，做了顿简单的晚饭给我们俩吃，吃饭的时候我们都很沉默。他顾虑太多，不敢问我发生了什么事，所以我也没说什么。当时我还搞不懂我自己。

第二天，我雇了一辆马车到吴经熊家。他和别的学生合住在一间离市区很远的房子，马车慢慢地往那儿去。吴经熊态度尴尬地在门口接我，然后带我走进一间有扇凸窗的大客厅，那窗子可以俯瞰一座小花园。客厅里到处是上面摊开着书本的乐谱架，吴经熊显然是那样子读书的。

后来，我见到了徐志摩。他看起来比我们住在沙士顿小黑屋时高了些、壮了些，我能感觉到他的决心还有惧意。他的四个朋友也在客厅里，绕着他走来走去，一副要保护他的样子。我只认得其中两人，吴经熊和金岳霖。金岳霖本来在美国读哲学，当时到柏林探望朋友。我先对徐志摩发话，因为我想表现出很有自制力的样子。

我的开场白是："如果你要离婚，那很容易。"

"我已经告诉我父母了，他们同意这件事。"他说。

他一提到老爷和老太太，我的眼泪就情不自禁涌了出来。他们二老是怎么看这件事的？接着，我想到我自己的父母，于是我对徐志摩说："你有父母，我也有父母，如果可以的话，让我先等我父母批准这件事。"

他急躁地摇摇头说："不行，不行。你晓得，我没时间等了。你一定要现在签字，林徽因……"他停了一下又继续说，"林徽因要回国了，我非现在离婚不可。"

徐志摩提到林徽因名字的时候，我心想：他何必在信上写什么勇气和理想？他要他的女朋友，所以才这么情急。今天，人家问起我是否认为徐志摩要求离婚是革命性举动的时候，我回答"不"，因为他有女朋友在先。如果他打从开始，也就是在他告诉我他要成为中国第一个离婚男人的时候，就和我离婚的话，我会认为他是依自己的信念行事，我才会说徐志摩和我离婚是壮举。

徐志摩就因为急着得到林徽因，所以不许我花时间征得我父母同意。我从小就被教育要善尽孝道，如今却被迫在未征得我父母许可的情况下，辜负他们要我们夫妻团聚的心愿。

徐志摩在我默默思考的时候，一动也不动地面对着我，手上紧握着那些离婚文件。

"那……好吧。"我控制着自己的鼻息，缓慢沉着地说。当时，我的身体因为生产的关系还在疼痛，心理上也觉得吃了败仗。我同意在文件上签字的唯一理由是：我在法国就已经打定主意，不再只凭过去的价值观行事。我是未来新式女子中的一员。虽然做出这么不孝的事情让我感到痛苦，可是我还是对徐志摩说，我愿意在未事先征得我父母许可的情况下签字。

我说："如果你认为离婚这件事做得对，我就签字。"说完才发觉，我是用服从，而不是带着新思想的口气在说话。

他听了高兴极了，笑容满面地把文件推过来让我签字。他不能自制地说："太好了，太好了。你晓得，我们一定要这么做，中国一定要摆脱旧习气。"

他把文件摆在桌上，示意要我签字。那些文件是用中文写的，上面说男女双方已经一致决定终止他们的婚姻，我将获得五千元赡养费（后来我根本没拿过这笔钱）。徐志摩已经签了名，证人栏的四个名字也填好了，就只有该我签名那栏空着。

"好了。"我签了四次名字以后轻声说，打破室内的沉寂。我以在我们新婚那天没能用上的坦荡荡的目光正视着他："你去给自己找个更好的太太吧！"

徐志摩真是高兴。他朋友挤在我们身边向我们道贺，都想握徐志摩的手。他欢天喜地，乐不可支。

他甚至跟我说了声谢谢，然后戏剧性地顿了一下，又对着我和那四个朋友说（我想他十有八九也是在对全世界说）："你张幼仪不想离婚，可是不得不离，因为我们一定要做给别人看，非开离婚先例不可。"

我虽然点着头，可是对刚做的那件事觉得倒胃口。这些人都参加过我的婚礼，我离婚的时候他们也站在我身边，可真是奇怪！

我一签完离婚文件，徐志摩就想去看我们的孩子。他想知道"你干吗把他留在医院"，而我心里只想着："这与你何干？"

我们去了医院，站在育婴房的窗口，看着躺在小床里的婴儿。我觉得很怪异，好像脱离了徐志摩，脱离了我们的孩子，甚至脱离了产后的身体疼痛。徐志摩把脸贴在窗玻璃上看得入迷。他爱意盎然地看着我们的儿子，却始终没问我要怎么养他，他要怎么活下去。徐志摩像是没留意到我是孩子的妈似的，赞叹我们的儿子时都没转过头来瞧我一次。那时一位看护过我的护士正好经过，瞧见我和徐志摩在一起，就笑了笑，好像在说：孩子的父亲总算能来了。可是我很想知道，我们看起来像不像医院里的其他夫妇，像不像那些面露微笑，一起高高兴兴带着婴儿离开的年轻父母。

第十一章

诗人哟！

幼仪在法国乡下经历的这个人生转折点，让我想起了小时候爸提过的所谓"关键时刻"理论。幼仪在她一生当中的某个重要时刻跳脱了绝望，她本来可能选择自戕性命，但她选择了坚忍不屈，我很为她骄傲。

徐志摩本人也有过类似的觉醒。他在与幼仪分居和离婚后，似乎获得了解脱。他在《我所知道的康桥》这篇散文（1924年发表[①]）中说，他初到剑桥之时，对剑桥几乎一无所知。可是，1921年秋天，他独自回到剑桥，度过整整一学年。事后他写道：

> 那时我才有机会接近真正的康桥生活，同时，我也慢慢的

[①] 原文如此，不确。《我所知道的康桥》于1926年1月16日和25日分两次发表于《晨报·副刊》。——编者注

"发见"了康桥。我不曾知道过更大的愉快。

他徜徉在剑桥大学的后花园（即"Backs"），赞赏剑河（Cam River，一称康河）的景致；他与狄更生、福斯特还有文艺评论家瑞恰慈一起消磨光阴，甚至和他们合组了一个正式的"中英会社"（Anglo-Chinese Society）。

在他的早期诗篇当中，有一首写于1921年11月23日的诗稿[①]，部分内容如下：

诗人哟！可不是春至人间
还不开放你
创造的喷泉，
嗤嗤！吐不尽南山北山的璠瑜，
洒不完东海西海的琼珠，
融合琴瑟箫笙的音韵，
饮餐星辰日月的光明！
诗人哟！可不是春至人间
还不开放你
创造的喷泉

在将种种痛苦加诸爱他的每个人身上以后，徐志摩怎么还能

---
① 诗名为《草上的露珠儿》。——译者注

创作出这么轻快、灵动的诗来？在他灵感迸发的时候，他的妻子连他在哪儿都不知道。

我再度问起幼仪是否生徐志摩的气，她始终回答："事情就是这样嘛！"要不就说："文人就是这德行。"

我觉得幼仪对文人的观感（她认为他们不是活在现实的人[①]）和徐志摩对自己身为诗人的看法似乎相差无几。他写道："真诗人梦境最深——诗人们除了做梦再没有正当的职业——神魂远在祥云漂渺之间那时候随意吐露出来的零句断片……"

徐志摩那天下午在柏林告诉幼仪，他必须立刻敲定离婚之事，是因为林徽因要回国了。而我在阅读林徽因的相关资料时得知，林徽因和他父亲在徐志摩离婚的时候已在国内；他们大概早五个月就离开英国了。那徐志摩告诉幼仪的是什么鬼话？难道他在骗她吗？还是他打算一回国就对林徽因展开追求？徐志摩一直拖到1922年10月（距他离婚七个月后）才束装返国。其间，他重回剑桥大学，最终蜕变为一名诗人。

听到幼仪说她因意识到林徽因的存在而不认为徐志摩和她离婚是项壮举的时候，我为她感到骄傲，那表示她真正了解这桩离婚事件的意义。

我自己对这件离婚案深恶痛绝。在撰写幼仪生平故事的过程当中，我沉浸在她的经历中，以至看到其他一些展现在她面前、有别于既成事实的机会和选择。在我的想象中，幼仪的一生披上

[①] 见《话》，初收散文集《落叶》（北京，北新书局，1926年6月初版）。——编者注

第十一章　诗人哟！

了一层如真似幻的色彩。她为什么非离婚不可？如果幼仪和林徽因一样有学问的话，情况会怎样？徐志摩会转而爱上幼仪吗？

依我自己对离婚的研究，二伯祖当初说的没错，徐志摩和幼仪很可能是根据《民律草案》离婚的。《民律草案》说，如果夫妻不合，双方可同意离婚。但因徐志摩未满三十岁，幼仪未满二十五岁，双方还必须获得父母同意才得离婚。

既然幼仪并未得到父母首肯，这桩离婚案还合法吗？虽然我没找到原始文件，但我觉得他们双方对这件离婚案的态度，比它的合法性来得意义重大。幼仪和徐志摩在协议书上签字后，就认为彼此已经离异了。幼仪并没有把她始终没拿到那五千元赡养费这件事挂在心上，她有骨气地说，她在可以要求离婚赡养费的时候，"没拿徐家半个子儿"。就这点来说，幼仪的确是靠自己的两只脚站起来了。

我一直把我这一生看成有两个阶段"德国前"和"德国后"。去德国以前，我凡事都怕；去德国以后，我一无所惧。离婚以后，我在德国待了三年，学到当幼稚园老师这一技之长。除了在汉堡住的几个月，我和我儿子，还有一个名叫朵拉（Dora Berger）的德国朋友都住在柏林。1925年春天我回国的时候，已经是个比过去坚强很多、天不怕地不怕的人了。

在德国的日子让我受惠良多。刚离婚的时候，因为身边有个那么小的小孩，我对自己即将要一个人过日子感到非常紧张。我甚至想过要回硖石和幼子住在那儿。可是我已经对自己许下诺言，要尝试自己站起来，而提供这种训练的最佳地点就是欧洲。再说，我是在没有征得父母同意的情况下离婚的，这个时候马上回家，是很莽撞的举动，也等于藐视自己不孝的事实。我曾经告诉我父母，徐志摩与我分居，是因为我们求学的志趣不同。所以我心想，过了几年以后，我父母就会习惯我独居欧洲这件事，然后我再回去告诉他们实情。

事后证明，我一个人在欧洲度日，是不幸中之大幸，因为一直到我回国以后，还有人在议论我离婚的事。你能想象吗？如果不是因为我在德国变成一个独立自主的人，我恐怕没法子忍受大家对我的注意，我会觉得自己好像是离婚的罪魁祸首，抬不起头来，而不会为自己熬了过来觉得自豪；更会因为别人议论我而懊恼，而没办法不把他们说的话当一回事。我忍受过的最糟的情况发生在我坐火车的时候，当时我刚好坐在两个正谈论我的女人对面。

其中一个人说："张幼仪一定长得很丑，而且思想非常落伍。"
另外一个人附和说："要不然徐志摩干吗离开她？"
这两个人并不知道我就坐在她们对面，否则她们早就难堪死了。当时，我已从德国回国：我心里有数，她们讲的只是部分事实。

我是1922年在柏林住下的，在这之前的两年，大柏林地区

第十一章　诗人哟！　　157

才刚扩建完成，合并了八个城市、大约五十个乡村社区，和将近三十个农镇与村庄。所以，柏林今天才会变成欧洲大陆最大的工业城，商业、银行、股票交易重镇，最重要的铁路转接站，以及德国第二大内陆港。我到柏林那年，全长十八公里的高速公路（AVUS）刚刚建好，旅馆、咖啡屋、百货公司和餐馆也如雨后春笋般林立。

四年以前，德国才刚脱离第一次世界大战，国家损失惨重，政体从帝国变成共和国。魏玛政府倒台，造成马克迅速贬值，早上可以买件毛皮大衣的钱，到了晚上只能买条面包。当时马克币值低得不得了。老爷每个月从国内寄给我相当于二百美元的支票，我就把支票兑换成小面额的美元，只要用一块美元就可以买很多东西。老爷的钱供我付房租、菜钱、学费，还有朵拉（她后来变成我最亲密的德国朋友）帮我照顾孩子的费用。

朵拉是个四十出头、为人亲切、说话轻柔的女人，也是二哥1913到1915年在柏林大学读书时期的朋友。朵拉说她愿意帮二哥的忙，与我同住，在我初到德国的时候带我见识见识柏林。

我不晓得要是没有她帮忙的话，该怎么办。她帮我找了个德文老师，而且帮我申请到裴斯塔洛齐学院（Pestalozzi Furberhaus）就读，这是一所以瑞士教育家裴斯塔洛齐的研究为基础的师范学院。我先密集补习了几个月德文课才开始上学，所以在入学的时候就可以听得懂大部分内容。另外，我选择上幼儿园老师这一级的课，因为这个课要求的语言能力最低。

我在裴斯塔洛齐学院读的幼儿园老师培训班大概有五十个女生，因为我要和这些女生长时间一起上课，而且不希望老是得绞尽脑汁编谎话，所以如果她们问起来的话，我就告诉她们我离婚了。她们听了，态度都非常友善，从没说过任何难听的话。她们大都没结过婚，所以一发现我要单独照顾一个幼子，对我就更友善了。每天下午四点喝咖啡的时间一到，她们总会过来坐到我旁边问候我。

裴斯塔洛齐是一位瑞士教育改革家，他信奉的是一种和我几个兄弟所受的儒家教育截然不同的教育方式。他认为每个孩子的个性都应该受到尊重，而且儿童是通过以爱心和理解为基础的训练来学习，而不是依靠死记硬背。所以裴斯塔洛齐学派的老师要鼓励儿童通过本身的感觉经验来吸收知识，然后根据儿童本身的经验和观察来教导他。

我在班上表现很好，做起玩具或是剪起纸型来，手指比其他多数女生要灵巧。有一天，我们正学着用火柴盒做玩具车，老师在教室喊我名字，示意我到教室前面，然后把他的火柴盒塞进我手里说："喏，我不在的时候，你来教她们做。"

每天早上我去上课的时候，朵拉就照顾我的孩子。她愈来愈爱他，视如己出，从他出世以后就把他当成德国小男孩教养，所以他只讲德文，只吃德国菜。我给他取名叫"彼得"，听着很像德文里的"Peter"；而且"得"字是从"德国"的"德"字这个音。但我们一直叫他"Peter"，因为他是生长在西方的孩子。朵拉每天买完菜以后，就带着彼得到提尔公园（Tiergarten）散步。我下午下课回到家以后，朵拉总会告诉我彼得那天做了哪些妙事，像是对卖面包的人笑啦，对猴子打喷嚏啦。

她对彼得疼爱有加，总是陪他玩，告诉他她有多爱他。有趣的是，我们中国人从来不对孩子说爱，反而经常责骂他们，用这种注意孩子的方式来让他们知道大人对小孩的爱。我喜欢看朵拉和彼得玩耍，她把一切事情都变成游戏。

除了我家人以外，朵拉是我第一个真正的朋友，我不晓得为什么我后来失去她的音讯了。虽然我想写信给她，可是用德文写东西对我来说太难了。

我们租的是提尔公园北边一栋大宅的三个房间，房东是个上了年纪的寡妇。客厅保留给房东用，朵拉、彼得和我住在和玄关有段距离的房里。我们和房东共用洗手间，还有一个有自来水和热水器的澡缸。我们把食物存在自己的房里，不过常在厨房里煮东西、吃东西，偶尔会和房东一起在公共饭厅用膳。

和朵拉一起住对我有好处，因为我觉得一个只身拖着孩子去找房子的中国女人，说不定会吃闭门羹。我们搬过几次家，因为朵拉对住非常讲究。要是有东西不干不净，或是房东对她的中国房客和小孩有怨言的话，朵拉就不愿意忍受，结果是我们搬家了事。

我们在柏林大概住过三四个不同的公寓，而且在每个房东面前编过不一样的故事，比方说彼得的爸爸死了，或者我在德国工作期间他爸爸正在英国完成学业。我们甚至对其中一个房东说了实话，告诉她我离了婚，可是她用怀疑的眼光看着我，好像我是个犯人似的，那态度让我很不舒服。起先我德文讲得不好，所以不得不忍受那些人在朵拉面前说我长短。她们老是担心我付不起房租，我们就说我家很有钱，会供养我们两人，要不就说我享有中国政府提供的大笔奖学金，所以钱不是问题。只要我们提前或是在当月第一天付了房租，那些房东就不再发牢骚了。

朵拉来自维也纳，年纪四十开外，可是一直没结婚。我在德国看过不少那样的女人。她以前的事情，我从不过问太多，因为觉得与我无关。不过，有一次她告诉了我她的身世：她一直在等一个青梅竹马的情人；他到外地做生意的时候，把她留在家乡；后来他娶了另外一个女人，直到很多年后她老得嫁不掉时才告诉她。

彼得是个漂亮的小孩，有大大的眼睛和黑黑柔柔的头发。我们带彼得一起出去散步的时候，总有人凑过来。他最喜欢各式各样的音乐，只有京戏除外。我一拿留声机放京戏听，他就用两只手把耳朵捂起来；可是朵拉放贝多芬和瓦格纳的音乐时，他就心满意足，甚至想用我买给他的一根真的指挥棒来指挥。彼得哭闹的时候，我一打开留声机，他就马上停止哭闹专心听。我们家附近住了个钢琴家,他练琴的时候都开着窗子,要是朵拉带彼得出去散步回来晚了,我就晓得他们大概是在钢琴家的家门口逗留得太久了。

我全部的时间都是和朵拉、彼得一起过,因为我觉得柏林其他中国人都太有学问了。有一两次我试着和这些人一起去听歌剧或到万湖(Wannsee)泛舟,可是我不属于他们那群人。我懂的事情不够多,所以不能和他们讨论政治和文学。有时候我觉得他们之所以找我,仅仅是因为我和徐志摩离婚的关系。

有一次,有人介绍我认识某君,他开口说:"噢,你就是张幼仪啊。"如果我还是徐志摩的太太,他就会完全不把我放在眼里,因为我不如徐志摩有学问。现在因为我离了婚,我也成了新潮的人。

我和这些中国人不一样。他们在西方可以表现得狂放不羁,可是回家以后又过着从前那种日子。而我因为离了婚,所以我不晓得回国以后要住哪儿,要怎么生活。我在德国的时候,老爷之所以资助我,是因为我在照顾徐家的子嗣。可是我回国以后,会是什么情况呢?我得把彼得交给徐家,自己一个人过日子吗?要是我想和我两个儿子住一起的话,徐家二老在徐志摩和我离婚的情况下,还会把我当徐志摩的太太吗?

柏林所有的中国人当中,有个人待我特别好,他叫卢家仁[1],有一双好大的手,上面毛茸茸的像熊掌一样。他每个星期都来看

---

[1] 此系音译,英文版作"Lu Jiaren"。——译者注

我好几回，不是和我一起坐坐，就是陪彼得玩玩。以前我从没有和男人坐得这么近过，可是我猜想他是来看彼得的。卢家仁来的时候，彼得就和我们一起待在起居室，其他客人来的时候，我就叫彼得到别的房间和朵拉玩。

有一天，彼得在铺在地板上的一块毯子上玩耍，我们坐着喝茶，卢家仁问我："你打不打算再结婚？"

虽然我当时还很年轻，大概才二十三岁，可是四哥写信告诉过我，为了留住张家的颜面，我在未来五年内，都不能叫别人看到我和某一个男人同进同出，要不然别人会以为徐志摩和我离婚是因为我不守妇道。

而且我明白我在家乡还有个儿子，我一直没教过他；在我善尽做母亲的责任以前，我不可以嫁进另外一个家庭。

所以，我没敢把卢家仁那句语气温柔的话听进耳里，而是看着自己的茶杯轻声说："不，我没这个打算。"

卢家仁听完过了一会儿就走了，从那个下午之后再也没按时来看过我。我对卢家仁问起我结婚打算这件事感到别扭，我从没说过任何鼓励他问我这种事情的话。也许我当初根本不该让他来看我的。难道他一直在追求我吗？那就是"自由恋爱"进行的方式吗？他爱不爱我呢？我没办法相信有人会爱上我。也许他只是想出出风头，才企图娶我？

这段时间，我按时与老爷和老太太通信，以这种方式得知徐志摩的消息。1923年4月，徐志摩和二哥联合邀请获得诺贝尔文学奖头衔的孟加拉语诗人、印度神秘主义者兼教师泰戈尔访华。他游华的两个星期，都由徐志摩和林徽因陪同，做他的翻译。国内大小报纸都刊登了他们的照片，形容他们是"岁寒三友"：林徽因是"梅"，徐志摩是"竹"，留着长髯、穿着长袍的泰戈尔是"松"。

听到从国内来的这种消息，再加上心里明白自己也可以待在国内，我觉得怪怪的。

"回来吧，你怎么不回来？"老太太在信里头这么写，好像啥事也没发生似的。

虽然我丈夫不要我，可是我公婆要。"我不能回去。"我告诉他们，"我是离了婚的人。"

"可是你还是我们的儿媳妇，我们收你当干女儿。"老太太总是这样回信。

这时候我才弄明白徐志摩提议我做徐家儿媳妇，不做他太太的意思。就老爷和老太太这方面来说，我还是他们为儿子挑选的那个女子。我尽心侍奉过他们，又给他们生了两个孙子；我已经做了我该做的一切。徐志摩公然违抗他们的安排，让他们震惊、愤怒、难堪又伤心。可是我没办法跟公婆解释徐志摩的居心，也说不清楚我并没有抛下他们。

最后我说："我不能回去，我会觉得别扭。"

彼得满周岁不久就开始发病，他腹泻得厉害，呼吸也困难。

朵拉和我带他去看人家推荐的海斯医生（Dr. Hess）。起先，他查不出彼得的毛病。可是，1923年的春天，彼得一岁半的时候，海斯医生和其他大夫发现他小肠里有条寄生虫，他们说彼得是从不新鲜的牛奶里感染的。它的位置正好在肠子和皮肤中间，所以没办法抓出来。海斯医生建议我们去瑞士一家诊所就诊，可是他告诉我医药费十分昂贵，而且不敢保证一定医得好。

中国人认为肠子是怜悯与慈爱所在的部位，所以像彼得这么可爱的孩子在这部位染上疾病是很悲哀的事。可能是因为我没喂他吃母乳，他才生病的，这点我没把握。于是我写信给老爷和老太太，把医生的诊断告诉他们，请求他们帮我做决定。老爷和老太太回信说他们也无可奈何，他们的钱不够送彼得到瑞士医病。我公婆是非常有钱的人，所以我始终不明白这件事。说不定老爷在军阀割据中国的情况下赔了钱，这我不得而知。要是他们见过彼得，说不定事情会有转机；但他是我的孩子，是一个再也不能亲眼看看中国的西方孩子。

到了1924年的冬天，彼得白天晚上都睡不安宁，看到自己的孩子这么痛苦，真把我吓坏了。他不用力就没办法呼吸。为了安抚他，我们放留声机给他听，一直放到同样的曲子在我耳边回荡不已，邻居也来抱怨夜里太吵了为止。他先是吃不下肉，然后吃不下面包，到后来连汤也喝不下了。随着日子一天天过去，他肚子愈来愈大，愈来愈肿，身体其他部分却愈来愈瘦。

有天晚上，他已被病痛折磨了好一阵，我听到他尖叫的声

第十一章　诗人哟！

音，醒了过来。我以为他做噩梦，就冲到他床边，发现他清醒得很。他紧抓着肚皮用德文对我说："妈咪，彼得痛痛。"

我们赶紧把他送到儿童医院，由原先诊断出病因的海斯医生负责照料。后来，彼得死于1925年的3月19日，距离他三岁生日不到一个月。虽然朵拉和我在他大半生中已经知道他难逃一死，可是当事情终于发生的时候，还是感到震惊。我们几乎欲哭无泪，更别说行动、饮食了。

我们把彼得火化以后，给他举行了一场丧礼，大约有三十个人来参加，来者有卢家仁、二哥的几个朋友、我同班的一些女生，甚至还有一个朵拉和我经常在公园看到的女士。他们是怎么听到彼得的死耗的，我不得而知。

朵拉和我把骨灰坛子留在殡仪馆。在搬到汉堡完成裴斯塔洛齐学院下一阶段的学业以后，我重回柏林取回骨灰坛子，再带着它和我一起回硖石。

丧礼之后那天晚上，我从黑暗中醒来，因为我听见另外一个房间里朵拉的哭声。她埋头在枕头里哀泣。当时我才发觉她爱彼得之深与我不相上下，我们三人始终是一家人。

彼得不在了，朵拉就回到维也纳娘家。我们分手以后，我没再和她通过话，甚至没写过信给她。虽然我德语讲得流利顺口，可是德文写得不好，不足以表达我的感受。不过我收过一封她写来的信，信里是一封短笺和一张她家书桌的照片。起先我觉得她寄给我这么张照片很奇怪，后来才看到她在所有纪念品当中最显眼的位置挂着一张彼得的大照片，由此可见朵拉有多爱他。

若干年后，我已经回到国内，才听说朵拉去世的噩耗。彼得死后，她身心俱裂，染上肺炎，从此没有康复。我在德国的那个小家庭只维持了短短的一段时间。

徐志摩在1925年3月26日抵达柏林，离彼得过世的日子正好一星期。自从离婚以后，我就没见过他，这时候见面，已经事隔三年。他神采奕奕，而失去彼得的我，显得瘦小又虚弱。自打我们离婚后，徐志摩的好事一件接一件。他1922年10月就回国了，后来出了一本诗集，担任过泰戈尔的翻译，晚近又主编著名刊物《晨报》的副刊。①

当然啦，看到徐志摩，我吃了一惊。他说老太太非常担心我在彼得死后的情况，所以催他来看我。我带他到殡仪馆的时候，他紧抓着彼得的骨灰坛子掉眼泪。我是根据中国习俗要求将彼得遗体在他死后三天内火化的。要是早知道徐志摩会这么快就赶到的话，我说不定会等到他看过遗体再说。

---

① 徐志摩出版诗集《志摩的诗》、主编《晨报·副刊》均在1925年3月之后。——编者注

第十二章

感伤之旅

徐志摩在离婚数月后返国,并出版了第一本诗集《志摩的诗》。这本诗集立即获得了好评,大家高呼他是1925年最有前途的诗人。他也负责在散文和诗作中引介西方韵律和主题。

他对待幼仪的态度,引起了他的老师梁启超的注意。梁启超于1923年元月写了封长信给徐志摩,信上说:

吾昔以为吾弟与夫人(此名或不当,但吾愿姑用之)实有不能相处者存,故不忍复置一词。今闻弟归后尚通信不绝,且屡屡称誉,然则何故有畴昔之举,实神秘不可思议矣。

看到梁启超责备徐志摩带给幼仪、徐张两家父母,还有他两个儿子痛苦的信,我多多少少觉得心有戚戚焉。

"人类恃有同情心，以自贵于万物。万不容以他人之苦痛，易自己之快乐。"梁启超又写道。

林徽因后来许配给梁启超的儿子梁思成。梁启超几乎像爱自己的儿子一样爱徐志摩；徐志摩想娶的，却是梁启超为他自己的儿子相中的女人。

至于徐志摩这方面，我和幼仪想法不同。我的确相信他是为理想而不只是为林徽因离婚的。他在答复梁启超的信上说：

我之甘冒世之不韪，竭全力以斗者，非特求免凶惨之苦痛，实求良心之安顿，求人格之确立，求灵魂之救度耳。

人谁不求庸德？人谁不安现成？人谁不畏艰险？然且有突围而出者，夫岂得已而然哉？

我将于茫茫人海中访我惟一灵魂之伴侣；得之，我幸；不得，我命，如此而已。嗟夫吾师！我尝奋我灵魂之精髓，以凝成一理想之明珠，涵之以热满之心血，朗照我深奥之灵府。

我曾和一位与林徽因有私交的女士谈过，她就是哈佛大学"中国通"费正清的夫人费慰梅。费太太说，她认为徐志摩和林徽因之间存在的是一种浪漫而非肉体关系，也就是一种偏向文学性质的关系。她还说，每当林徽因谈起徐志摩，就会提到雪莱和拜伦等其他诗人，她认为林徽因和徐志摩一直维持着这种浪漫的爱情。

费太太又说，林徽因虽爱徐志摩，却不能嫁给他。因为她本身是她父亲大姨太唯一的女儿，而她父亲偏爱给他生了个儿子的二姨太；所以林徽因无法想象自己会卷入有个女人为了她而被抛弃的关系之中。

虽然我把林徽因这方面的背景告诉了幼仪，但她还是把离婚的罪过推到当年那年轻女子身上。她说，如果徐志摩连看哪部电影都没办法做决定的话，怎么会有办法做离婚的决定呢？他必定得到了某种鼓舞。

我曾把徐志摩为追念彼得所写的一篇散文《我的彼得》[①]读给幼仪听：

彼得，可爱的小彼得……我的话你是永远听不着了，但我想借这悼念你的机会，稍稍疏泄我的积愫。在这不自然的世界上，与我境遇相似或更不如的当不在少数，因此我想说的话或许还有人听，竟许有人同情。就是你妈，彼得，她也何尝有一天接近过快乐与幸福，但她在她同样不幸的境遇中证明她的智断，她的忍耐，尤其是她的勇敢与胆量；所以至少她，我敢相信，可以懂得我话里意味的深浅，也只有她，我敢说，最有资格指证或相诠释——在她有机会时——我的情感的真际。……

彼得，我说我要借这机会稍稍爬梳我年来的郁积；但那也不

[①] 原题《追悼我的彼得》，载《现代评论》第 2 卷第 36 期（1925 年 8 月 15 日），后收入散文集《自剖》（上海，新月书店，1928 年 1 月初版）。——编者注

第十二章　感伤之旅　　171

见得容易；要说的话仿佛就在口边，但你要它们的时候，它们又不在口边：像是长在大块岩石底下的嫩草，你得有力量翻起那岩石才能把它不伤损的连根起出——谁知道那根长的多深！

是恨，是怨，是忏悔，是怅惘？许是恨，许是怨，许是忏悔，许是怅惘。荆棘刺入了行路人的胫踝，他才知道这路的难走；但为什么有荆棘？是它们自己长着，还是有人成心种着的？也许是你自己种下的？至少你不能完全抱怨荆棘：一则因为这道是你自愿才来走的；再则因为那刺伤是你自己的脚踏上了荆棘的结果，不是荆棘自动来刺你……你来人间真像是短期的作客，你知道的是慈母的爱，阳光的和暖与花草的美丽，你离开了妈的怀抱，你回到了天父的怀抱，我想他听你欣欣的回报这番作客……你的小脚踝上不曾碰着过无情的荆棘，你穿来的白衣不曾沾着一斑的泥污。

读这篇悼文之时，我不得不对徐志摩个性之复杂产生感触。为什么徐志摩对彼得之死，有如此切身之感？他只是想让别人觉得他是个好父亲，还是有更多寓意？他是否为他当初要幼仪打掉孩子而产生罪恶感？我觉得他的口气似乎对离婚有悔意，也许正因为这样，他才开始欣赏幼仪。

然而，我无法相信徐志摩只见过这孩子一次，就敢于写下一篇文字悼念他。

幼仪仔细听完这篇文章以后说："嗯，他写这篇文章的口气，倒像是个非常关心家庭又有责任感的人。"

"可是啊，"她继续说，"从他的行为来判断，我不觉得他担心我们的钱够不够花，还有我们要怎么过活这些事情。你晓得，文人就是这德行。"

彼得死后，徐志摩和我一起去了趟意大利。他要我去，我也觉得我需要离开柏林休息一阵子。打从离开中国以后，我已经有四年没度过假了。在中国，我要服丧四十九天，而在欧洲，去旅行一趟或是设法把这件事忘掉，好像比较适合我。

徐志摩和我一道旅行，奇怪吗？呃，我可没打算在旅馆里面和他同房，或是坐在休息大厅里等他，我们的情况和当年我们还维持夫妻关系，住在伦敦的时候不一样了。这次我们又跟以前一样，和徐志摩的两位英国朋友同行，她们是泰勒（Taylor）姐妹。两姐妹与我用简单的法文沟通（我那时还是不会讲英文），而且我白天通常都和她们在一起，徐志摩单枪匹马四处观光去了。

每天早上吃早饭的时候，徐志摩都在焦虑地等待由他朋友胡适从中国寄来的信或拍来的电报。他那种一大早就坐立不安的态度，让我想起他在沙士顿的举动。过了几个月后，我晓得我猜得八九不离十：徐志摩又恋爱了。这次的对象是北京一个名叫陆小曼的交际花，他唯一的问题在于：她是有夫之妇。她的丈夫是哈尔滨警察厅厅长；他发现了他们的恋情，扬言说要杀徐志摩。

所以，每天早上吃早饭的时候，徐志摩都会收到告诉他什么

第十二章　感伤之旅　　173

时候可以安全回国的信件。

有天早上，徐志摩终于在看完一封信以后抬起头看着我说："太好了，我们现在可以离开了。"胡适致函徐志摩，告诉他可以安全回家了：陆小曼的丈夫已经改变主意，决定不杀徐志摩，而答应与陆小曼离婚。

这些年来，我把当年发生的事情一一给凑了起来。徐志摩是1924年夏天在北京邂逅陆小曼的，她是个双十年华的大美人，在社交场合极受欢迎。比方说，如果她没去参加某个宴会的话，大家都会表示失望。陆小曼的父亲是政府官员，她兼通英语和法语，能文善画，能歌善舞，1920年经由父母安排，嫁给了王赓这位普林斯顿大学和西点军校毕业，能说流利英、法、德语的英俊男士。

这对年轻夫妇原先住在北京，经由熟人介绍认识徐志摩。王赓接受哈尔滨警察厅厅长这职位的时候，陆小曼不想离开北京，所以王赓就把她留在娘家，请徐志摩陪她参加各种活动。有人说，徐志摩和陆小曼友谊的花朵就是在这段时间绽放的。也有人讲，徐志摩是在与陆小曼同台进行一场慈善义演时认识的；两人各自出演男女主角，徐志摩饰老学究，陆小曼扮俏丫鬟[①]。两人戏终人不散，大概由此种下了爱苗。

徐志摩与我同游意大利的时候，想必是在进行一次"感伤之旅"，目的在考验他和陆小曼之间的爱情。他避了五个月的风头，一直到8月才回国。这个时候，我已经迁离柏林，定居汉堡，为

[①] 剧目是《春香闹学》。——译者注

的是完成下一阶段的学业。

我对汉堡的认识不及柏林。当时朵拉走了，彼得走了，甚至二哥也离开耶拿大学回国去了。我在德国举目无亲，有时候觉得徐家人好像把我给忘了，因为他们的注意力被徐志摩和陆小曼分散掉了。老爷和老太太按月寄来的支票开始延误，而且寄到的时间不定；可是我需要钱付房租、饭钱，还有每天乘渡船到学校的交通费。有一回，支票来得太晚了，我就把剩下的钱和食物（一袋马铃薯）各分成十堆。

我告诉自己：支票十天以内就会到。幸好果真如此。

不过，彼得死后，我心情非常郁闷。我开始觉得，我完不完成裴斯塔洛齐学院的学业都无关紧要了。彼得走了，我没办法教育他了，而我又已经错过了阿欢最初成长的那几年。话虽是这样，但我有个肯定的感觉：以我所学，我可以在国内找到一份教职供养自己。

1926年春天，我又开始接到徐志摩和徐家二老的来信。虽然王赓和陆小曼已经完成离婚手续，可是陆小曼的母亲在确定徐志摩和我离了婚以前，不让女儿嫁给徐志摩；她不希望陆小曼屈居妾的地位。老爷和老太太在得到我本人同意以前，也不让徐志摩娶陆小曼进门。徐家二老和徐志摩都希望我马上回国，我成了局内人之一。

应老爷和老太太之请回国给了我面子，表示他们还尊重我。我回去是帮老爷和老太太的忙，我不能让徐家二老以为，我在徐志摩跟着陆小曼团团转的时候，不顾徐家的名节。我想去给出许可，把事情安排妥当。我回国的时候，徐志摩和陆小曼的恋爱丑闻正闹得最厉害，这就等于摆明了我当初是心甘情愿同意离婚的，而且从那之后我已经自力更生了。

我几个兄弟向来都是在适当时机正巧出现在我面前。这次是你爷爷（也就是我八弟）出现在我家门口，准备陪我回国。在我所有兄弟里，你爷爷是最能让我想起徐志摩的。他过去五年一直在克拉克大学和哥伦比亚大学读书，这两所大学正是徐志摩读过的学校。这会儿，他提议我们采用徐志摩当年来欧洲时的做法，取道西伯利亚大铁道回国。我一直以你没见过徐志摩为憾事，但让我高兴的是，你对你爷爷很熟悉。虽然他们两人相差六岁，但有一点可真像：都是充满勇气的梦想家。

我在欧洲的五年里，父母已经名正言顺地把家从南翔搬到了上海的一所房子里。我的兄弟大多被送到国外学习，姐妹里除了四妹还待字闺中，其他的也都各有归宿。在车站和他们打招呼的时候，我觉得恍如隔世。我不在的这些年，父母苍老得不成样子。

妈妈抱住我，不能控制地在我肩头抽泣。"别哭。"我安慰她。无论是我还是众兄弟姐妹，都没直接告诉她我已经离婚的事，但我确信她对于我和徐志摩的关系已经有了自己的结论。"只要我快活就好了，"我对她说，仍然没提离婚的事情，"那才是最重要的嘛！"

回到家里，爸爸询问起我欧洲生活的点点滴滴。他只字不提离婚的事情，而是用这种方式探知我过得好不好。我很惊诧他没有用传统方式对待我，没对我恶言相向或将我扫地出门。此前我一直认为爸爸是个守旧的人。但很显然，即使是他也不能无视发生在我们国家的剧变。西方的生活方式、思想理念已经进入中国。仅在乘人力车从火车站到家的这段路上，我就亲眼看到了种种变化：先生们头发往后梳得油油亮亮，穿着尖头皮鞋；小姐们留着卷卷的短发，上身穿着薄纱白衬衫，里面的紧身胸罩看得一清二楚，下身穿着及膝短裙，腿上包着肉色丝袜，脚上踏着高跟鞋。

我从娘家去见老爷和老太太，他们住在上海一家旅馆的套房里。走进起居间的时候，我深深一鞠躬，向他们问好，然后对徐志摩点了一下头。他坐在起居间那一头的一张沙发上。我注意到他手指上戴了只大玉戒，色泽是我这辈子见过最绿的。这种翠玉叫作"勒马玉"（stop horse jade）。据说古时候有个王子曾用他的玉戒指着一匹向自己猛冲的马而救了自己一命：那匹马一看到那鲜绿的颜色，以为是草，就立刻低下头来盯着瞧。

"你和我儿子离婚是真的吗？"老爷打破教人紧张的沉默气氛，慢条斯理地说。

当然啦，老爷和老太太早知道这回事了，可是不管离婚文件写什么或是徐志摩告诉他们什么，他们都要亲耳听我承认。

"是啊。"我尽量用平和中庸的语气说。

徐志摩这时发出一种呻吟似的声音，身子在椅子里往前一欠。老爷听了我的回答，显出一副迷惑的样子，差点儿难过起来。

老爷问我:"那你反不反对他同陆小曼结婚?"我注意到他用的是"结婚"而不是"纳妾"这字眼,可见他已经相信我说的话了。

我摇摇头说:"不反对。"老爷把头一别,一副对我失望的样子。从他的反应来判断,我猜他一直把我当作说服徐志摩痛改前非的最后一线希望。

徐志摩高兴得从椅子上跳起来尖叫,乐不可支,忙不迭地伸出手臂,好像在拥抱世界似的。没想到玉戒从开着的窗子飞了出去,徐志摩的表情一下子变得惊恐万状——那是陆小曼送他的订婚戒指。

我们全都看着楼下的院子,可是他找不到戒指。他在我同意他结婚这个节骨眼上,会把戒指弄丢,可真是怪事!我觉得这好像是陆小曼将来会发生什么事情的一个预兆。

几个月后,徐志摩竟然邀请我去参加他和陆小曼的婚礼。当然,我没到场,徐家二老也待在家里。但我知道,二人婚礼当天,徐志摩认识到我已经为他迎娶陆小曼扫清了道路。

我最初的意图是回国后在硖石靠近徐家的地方住下来。我想住在一个属于自己的小家里,在当地为年轻女孩开办一所学校。我甚至找到了一栋我认为非常适合做学校的房子。但是,我和公婆住了几周之后,带着儿子搬到了北京。

我把阿欢留在中国的时候,他才三岁,正和彼得离世时的年纪相当。五年过去,他已经长成一个酷似徐志摩的小少爷了;皮肤之洁白，骨架之纤细，都和徐志摩如出一辙。这点和我结实的彼得完全不同。我一直想让他们兄弟见面来着。阿欢从四岁起就跟着一位先生读书，而且看起来学得很好的样子。我听他吟诵诗歌，夸奖他在这方面显而易见的兴趣。但与此同时，我也担心他在其他方面的发展。我希望我的儿子从小就能学会自立。但过去几年担当阿欢监护人的徐家父母并没有按着这个路子抚育他。如果没有用人的帮忙，他就不会穿衣服，而且整天都在吃糖。一天下午，我趁徐家二老和用人都没瞧见的时候，打开阿欢的嘴巴看他牙齿，发现大部分都蛀坏了。难怪他每天老要厨师做软乎乎的菜（比如狮子头和回锅肉）给他吃。

就我自己而言，我觉得不能继续在硖石住下去了。我已经离婚了，但乡里仍然把我看作徐志摩的太太，这让我很不舒服。更要紧的是，在公婆家里，我无法按照自己希望的方式教养儿子。我请求他们为孙儿的安全做长久打算，并且解释说生活在城市的话对阿欢更有好处。当时全国各省正被不同的军阀把持，乡下地方经常有小规模的战事。再说，阿欢可以在北京受到更高水平的教育。令我惊讶的是，老爷和老太太同意了我说的。我很感激他们甚至在彼得去世以后还能信任我。在我筹划和阿欢搬去北京这事的时候，老爷告知我他要把财产平分成三份：一份给徐志摩和陆小曼，一份给我和我儿子，另外一份留给他和老太太。此后，我每月都能收到三百元，这使得我可以按照自己的意愿教养儿子。

徐志摩和陆小曼婚后大概过了一个月，我收到老爷和老太太从天津拍来的一封电报。我很讶异这对老人家竟然离我这么近,我还以为他们在硖石呢。

电报说:"请携一佣来我们旅馆见。"

我到天津以后,看到老爷和老太太非常烦恼的样子。可见徐志摩和陆小曼在婚礼后已经去硖石探望过他们了。

"陆小曼刚来看我们,"老太太想起他们见面的情形,怒发冲冠地开口说,"可是她竟然要求坐红轿子!"这种轿子需要六个轿夫扛,而不是通常的两个人,而且一个女人一生只坐一次。

"还有啊,"老太太继续说,她话讲得太快,声音都发抖了,"吃晚饭的时候,她才吃半碗饭,就可怜兮兮地说:'志摩,帮我把这碗饭吃完吧。'"

我想,连八岁的阿欢都知道把饭吃完是种礼貌。米是中国的主食,无论什么阶段、什么形态都受重视,包括稻谷、稻田、糯米、稻穗、去壳的米和煮熟的饭。为了对播种、耕作、收割和去糠的农夫表示尊敬,每个人的碗底连一粒饭都不应该剩下。

老太太说:"那饭还是凉的,志摩吃了说不定会生病哪。"

"现在,你听听陆小曼下面做什么,"老太太接着说,"吃完饭,我们正准备上楼做自己的事,陆小曼转过身子又可怜兮兮地对志摩说:'志摩,抱我上楼。'"

我一直觉得把女人抱过门槛这种西方才有的风俗很特别。而且硖石家里的楼梯特别长,大概有五十级。

"你听过有这么懒的人吗?"老太太差不多是尖叫着对我说,

"这是个成年女子啊。她竟然要我儿子抱她,她的脚连缠都没缠过哪。"

"那天晚上,老爷跟我讲:'我要坐下班火车离开这里。你打理打理箱子,告诉用人一声,弄好了再与我碰头。'"

"所以,我们就到北方来找你啦,你是我们的儿媳妇嘛。"老太太的话到此打住。

老爷和老太太置我于一个多么别扭的地位啊!我知道徐志摩一定会恼羞成怒。结果我猜得很准。当我把徐家二老从天津带到北京家中,就接到了徐志摩打来的电话。

他问我:"你写信给他们,要他们去找你。是不是?"

我说:"不是这样。我何必这么做?"

徐志摩说:"教陆小曼没面子啊!"

我并没有叫徐家二老来,他们只不过是不了解陆小曼的新作风罢了。徐家二老搬来和我同住的时候,还差几天就是庆祝时间长达三个月的农历春节了。我们一起共度佳节,仿佛又回到了从前。阿欢收到好多礼物,老爷和老太太甚至还记得我生日是农历最后一个月的二十九日。这段日子我试着不去担心单独留在硖石的徐志摩和陆小曼。

事有凑巧。新年过后不久,我收到一封电报,上面说妈妈病重;于是徐家二老得回硖石去了。我立刻带着公婆前往上海。他们先待在一家旅馆,再回硖石,那时徐志摩和陆小曼还住在那儿。

我抵达家门不到十天，妈妈就去世了，享年六十二岁。我所有的兄弟姐妹都围在床边，为失去妈妈哀伤。丧事由我一手操办。

我在妈妈咽下最后一口气以前，在她嘴里放了个布包，里面装着一颗珍珠、一粒红宝石、一块玉石，以及金子和银子。这是给将来让妈妈进入冥府的龙吃的东西。

然后我叫用人替妈妈净身，再给她穿上七层七彩寿衣：头四层有长裤，材料分别是白丝绸、浅蓝丝绸、深蓝棉布和暗蓝絮丝绸布；第五层和第六层是两件白色长袍；第七层是绣着金线银线的白丝礼服。我叫用人在礼服下摆四角和每只鞋上缝颗珍珠，这些珍珠是领着妈妈进入来世的明灯。

第二天，几个和尚来接引妈妈的遗体。遗体放在一块木头上，他们把它挪到一门棺材里，再把没有封盖的棺材停在屋里超过百日。屋里充满了诵经的声音。

我母亲过世后，我父亲说，人生好像没有什么乐趣可言了。他们在父亲出世以后就被互订终身，而且一起过了很长一段幸福的日子。母亲走了，教父亲怎么过活？所以她逝后百日，他也伤心离世。

父母都不在了，我和兄弟姐妹觉得好像被遗弃在世上似的。你爷爷对我说："现在，世界上再也没人会责骂我们，教我们明辨是非了。"

徐志摩没有出席任何一场我父母的大殓仪式。我并不指望他为了我的情面到场,却希望他能看在我兄弟的面子上露面;可是我兄弟并没有因为徐志摩缺席而觉得受辱。我在沙士顿的时候,二哥曾经写信告诉我,他觉得我们离婚的消息就像我们的父母辞世一样让他难过。二哥爱徐志摩的程度,不亚于爱我们的父母,他当然会宽恕徐志摩没去参加丧礼。

第十三章

尴尬地位

虽然幼仪没向我承认，但我猜想徐家这么需要她，让她以这么重要的地位回国，使她有受宠若惊之感。她对徐志摩新妇陆小曼的态度，似乎不如对林徽因那样激烈，我为此感到欣慰。

当幼仪说她觉得自己不如陆小曼有学问、没喝过那么多墨水的时候，我理解她的意思。幼仪表达自我的方式是行动胜过语言，而且似乎是以不及徐志摩和陆小曼那么在乎自我的态度度过一生。她说她在德国那段日子一直都写日记，可是在徐志摩和陆小曼于1927年出版他们的日记时[①]，她将自己的日记付之一炬。她不想让她的日记落到任何人手上，再和徐陆二人的日记一起出版。

陆小曼的日记似乎非常能激发我的热情。如果我是徐志摩，

[①] 原文如此，不确。收录徐志摩、陆小曼二人日记和书信的《爱眉小札》于1936年方由上海良友图书公司首次出版。——编者注

我也会觉得，我真的可以用自己的爱点燃这女人的情苗，从而改变中国。

既是浪漫诗人和泰戈尔的翻译人，又是陆小曼的热情追求者，徐志摩成为举国皆知的名流。他的作品从歌颂哈代（Thomas Hardy）和曼殊斐儿（Katherine Mansfield）等作家的文章，到介绍文艺发展的散文，都拥有广大的读者群。

同时代的浪漫诗人郁达夫在大约十年后，曾为文评论徐志摩和陆小曼之间禁忌的爱情：

忠厚柔艳如小曼，热烈诚挚若志摩，遇合在一道，自然要发放火花，烧成一片了，那里还顾得到纲常伦教？更那里还顾得到宗法家风？当这事情正在北京的交际社会里成话柄的时候，我就佩服志摩的纯真与小曼的勇敢，到了无以复加。[1]

徐志摩和陆小曼的婚礼于1926年10月3日在北京北海公园举行，由徐志摩的老师梁启超担任证婚人。他在场发表了一席语惊四座的讲话，表示他不赞成徐志摩的所作所为，认为他们两人从事的是不道德的勾当。梁公说他和别人曾经尝试劝告徐志摩不要举行婚礼，但终告无效。

"徐志摩，你这个人性情浮躁，所以在学问方面没有成就；

---

[1] 郁达夫：《怀四十岁的志摩》，原载《宇宙风》第8期（1936年1月1日）。——编者注

你这个人用情不专，以后务要痛改前非，重新做人……"梁启超如此训诫徐志摩。

他话讲到一半，徐志摩便起身对梁启超说："请老师不要再讲下去，顾全弟子一点儿面子吧！"

我爷爷，也就是幼仪的八弟，参加过这场婚礼，而且在1984年到康涅狄格我爸妈家的时候，跟我提过这件事。他告诉我，徐志摩事先就已经知道梁启超会在婚礼上批评他。

"那徐志摩干吗还让梁启超致辞？"我问。

爷爷说："第一，他让梁启超那样抒发己见，是给他面子。"

我同意这点。

爷爷又表示："其次，这是给张家面子。"

我就说我怀疑徐志摩考虑过这点。事实上，我认为徐志摩让梁启超讲话的主要理由，是想彰显他自己反对旧礼俗的行为本质。

爷爷听了似乎对我颇为恼怒，他说我对徐志摩不够尊重，我应该试着深入了解他，因为徐志摩以他的才华带给张家人极大的光荣。

我自己也因为爷爷对徐志摩佩服得五体投地而颇感气愤，他欣赏徐志摩的程度似乎大过欣赏自己的姐姐。爷爷到美国东部探访的时候，和我们一起住在康涅狄格家中。幼仪待在我们家的时候向来都很自在，可是一有爷爷在场，就显得不自然又拘谨，说起话来带着尖锐而且比平常用力的噪声，好像担心爷爷会质疑或讥笑她的权威似的。而事实上，爷爷的确有把她的意见看得微不

第十三章　尴尬地位　　187

足道的倾向。

我觉得他们的处世风格有极大的冲突，爷爷平时那种幽默、爱说笑的态度（张家每个人都说这点最像徐志摩的个性），似乎被幼仪那正经八百的态度给压了下去。我敢说，这正是徐志摩和幼仪相处的时候经常发生的情况。1985年，爷爷临终之前，告诫我在研究和写作之时要"对徐志摩仁慈一点儿"，而且要求在他的丧礼中朗诵一首徐志摩的诗。

从我突然离开北京回上海给妈妈送终，一直到追悼爸爸的最后一天，已经过了将近五个月的时间。离开北京这么久，我取消了房子的租约，又把阿欢转到上海的学校。

丧礼过后，我决定还是不要给小孩转学比较好。虽然我想留在上海，可是我负担不起上海的生活费。张家全家的经济负担现在都落在四哥身上，他同意我的看法，认为我和弟妹继续住上海家里的话费用太高了。其实他一直在替爸爸妈妈付房租，可是丧礼的开销让他破费了，所以他想放弃租约。

当时我每个月还能从徐家收到二百元，我就告诉四哥，我可以带着弟妹住到乡下；他也同意。于是四妹、八弟、阿欢和我搬到离上海半个钟头火车车程的一个小镇，由我支付房租和伙食钱。四妹有住在城里的大姐和大姐夫给她零用钱，他们偶尔也会叫她过去住住。当时二十四岁的八弟，在一家银行找到第一份差事，每天和阿欢一起乘车往返。

那时候四哥和四嫂住在城里，在一个外国租界里面有栋迷人的房子；大家都认为很有声望的中国人才会住那儿。四哥当时是中国银行总经理，还没当上总裁。

四哥告诉我，有天晚上很晚的时候，妈妈的灵魂出现在他的卧房。她飘浮在他头上，身穿七层寿衣，看起来阴森森又很生气的样子。四哥和四嫂一感觉到她出现就醒了，妈妈的灵魂把他们的被盖往后一拉，他们又冷又怕，躺着在发抖。

妈妈的灵魂责怪四哥说："你怎么可以把弟弟妹妹那样子丢在乡下不管？你应该照顾他们的！你是一家之主啊！"

你记得我告诉过你阳世和阴世，还有人死后从阳界转到阴界的事情吗？我母亲过世以前，我从没告诉过她我离婚的事；我相信她之所以从阴间回来，主要原因是担心我。

四哥也认为这是妈妈在他面前显灵的用意，因为他第二天打电话给我，说要把他的房子让给我住，他说唯有我接受那房子，妈妈的灵魂才会安息。他和四嫂都很迷信，所以愿意立刻搬出来。

三年以后，为了报答四哥舍屋之恩，我帮他在法国租界买了另外一间归他名下的房子。我也拿到了上海市海格路（Avenue Hague）[①]125号这所房子的房契。那房子坐落在"范园"这个大合院里面，"范"是英国人接管以前那个屋主的姓氏，"园"就是"花园"。这座大合院大概由十栋房子组成，正中有个大花园，园中有小径和喷水池。我新家的位置面向合院后面，是用石头造的，

[①] 今华山路。——编者注

有三间卧房，一间厨房，几间用人房，客厅外面还有个露台。

我很快在楼下走了一圈，然后到楼上的主卧房，一动也不动坐在大床边，闭上眼睛。过了好长时间，我觉得我听到了一个声音。

"妈妈？"我轻声叫。

一根树枝擦到了窗户，我没动。

"妈妈？"我又叫了一遍，这次比较大声。然后，我感觉到她的灵魂就在屋里，好像一股奇怪的气流。我一点儿也不害怕，告诉她我们这些小辈都很好，她可以回阴间去平静安息了。

搬进新家以后，我开始四处谋教职，后来在东吴大学教了一学期德文；正考虑教第二学期的时候，有几个上海女子商业储蓄银行的女士跑来与我接洽。我想是四哥为了践行向妈妈承诺的照顾我的责任而要她们来的。她们说希望我到她们银行做事，因为我人头熟，又可以运用四哥的影响力守住银行的钱——四哥是中国银行总经理，又参与创办了《银行周报》这份讨论中国问题与经济问题的刊物。她们不得不讲明，找我进银行主要是看我的关系，而不是能力，因为我从来没在银行做过事。

虽然我受的是教书训练，可是我决定抓住这次机会。不过，我说我只当银行副总裁，不做总裁。我心想，如果我哥哥是一家银行的总裁，我是另外一家银行的总裁，那成什么样子？

之前经营这家银行的人把钱都出借给亲戚朋友，还有向银行告贷的人，所以银行里差不多一毛不剩。这几位女士希望我设法挽回银行的钱。

我告诉她们:"什么律师都别请,银行已经够穷了。"然后我说我会尝试告诉债务人,和他们一起想想办法,看看能不能想出一条让他们偿还借款的途径。

这家银行是由一群女性在1910年创办的,为女性客户服务,地点在市中心的南京东路上,很受老少妇女欢迎。许多在附近商店做事的年轻妇女,喜欢拿了薪水支票立刻上我们银行来兑现,再在户头里留点钱当存款。这样一来,她们就不必担心怎么安排花钱的问题,也不必操心会把钱统统用来买洋装、丝袜和口红了。可是她们结了婚不再做事以后,私房钱的数目就只有从丈夫那儿得到的一点点了。

大多数年纪大的妇女都用我们的银行存放珠宝,这些珠宝多是男朋友送的礼物,不能放在先生的银行户头里。举个例子讲,每次重要社交活动举行以前,别家银行都会忙得不可开交,只见一辆辆大型轿车开到银行门口,有钱的女士纷纷出现,去提领她们的项链或首饰,以便赴宴。可是,我们女子银行的业务在这些时候从来就不忙,因为我们保管的是不那么名正言顺的珠宝,这些珠宝提领的时间不一样。

我把我的办公桌摆在银行最后头,这样银行前面的情形就可以一览无遗。我喜欢每天早上九点整到办公室,这种分秒不差的习惯是从德国学来的。我一向准时,其他人都会迟到,一看到我就道歉,我总是告诉他们别挂在心上。

第十三章　尴尬地位　　191

每天下午五点的时候，有个中文老师会到办公室来找我。我以前告诉过你这件事，因为我从十五岁起就中断正规教育了，所以我觉得自己需要多了解一些文献和名著。

跟着老师上完一个小时左右的课以后，我就到我在南京东路上经营的服装行。这家服装行位于上海最时髦的大街，是八弟和几个朋友（包括徐志摩在内）合作的小事业。八弟开这个店的构想是：集成衣店和服装订做店于一身。我们在店里陈列一些衣服样品，再配合女士们的品位和身材加以修改。服装上面别致的珠饰、扣子，还有缎带，都非常独特出众；顾客可以向别人夸口说："我这衣裳是在'云裳'做的。"

"云裳"这店名是八弟取的，意思是"云的衣裳"，暗指中国8世纪时诗人李白所写的一首诗①。他在诗中这么形容杨贵妃：

云想衣裳花想容。

我是云裳公司的总经理，要负责查看订单，在下班的时候告诉裁缝师，为的是盯牢所有事情。

我回到家以后，就帮着阿欢做功课，试着检查出他不懂的内容。我每星期打三次麻将，每次都是晚上八点开始。现在我每星期还是会摸个几圈。

我甚至在自己家里款待二哥和四哥，他们爱来我家胜过上馆

---

① 指《清平调》。——译者注

子。两个哥哥都有自己的家,也有老婆可以为他们张罗,可是他们反倒喜欢到我家来。因为四嫂爱在晚上搓麻将、吸鸦片;二嫂不喜欢被络绎不绝的想和二哥讲话的人打搅,有一次她说:"如果用人老在伺候你朋友的话,他们还能做什么事?"

二哥知道她的想法以后,有一次惊讶地问我:"怎么都没听你埋怨那些来拜访我的人啊?"我跟他说:"和别人谈话是你的工作,要是大家老不来找你,就表示你事情做得不好。"

1934年,二哥派我到他创办的国家社会党做会计。人家总问我这职位是做什么的,我就告诉他们,我认为二哥只是希望他可以跟别人说"我得请示请示我们的会计"。这样他就不必老是拿钱出去了。

我搬进范园不久,差不多是徐志摩结婚半年后吧,他和陆小曼也在法国租界的爱多亚路(Avenue Edouard VII)①租了间房子。老爷和老太太一起从硖石搬到上海,因为在当时军阀互斗的情况下,待在大城市里比较安全。徐家二老当初为了红轿子、吃晚饭和上楼梯的事情与陆小曼发生摩擦以后,又跟徐陆二人住在一起了。这种已婚夫妇与夫家父母同住的生活方式,是中国人常有的习惯。老爷和老太太会看气候和地区政治冲突的情况,来往于上海和硖石之间,一次住上几个月。

徐志摩一度赁居的法国租界,和英国租界一样是个漂亮的地区,那儿有法国人参加的法国运动俱乐部,还有一个法国公园,

---

① 今延安东路。——编者注

里面有块为了纪念法国一位飞行家而命名的大石头。星期六的时候，我会带阿欢穿过租界的林荫道去徐志摩家，好让阿欢和爷爷奶奶共享天伦。由于阿欢生下以后的头七年都是由徐家二老抚养，所以他们非常亲近。老爷总会从南京路上一家摩登商店买些玩具给阿欢，老太太则吩咐用人给他准备特别的吃食。阿欢每次从爷爷奶奶那儿回来都开心又满足。

有天下午，我把阿欢送到他们家门口的时候，撞见了徐志摩。

徐志摩拦住我，语带不安："我一直在想，你认为阿欢应该怎么称呼陆小曼才好？"

在中国，一个人的称谓是很重要的，它反映了一个人受尊重的程度。徐志摩平常看起来不在乎这些事情，倒是我一直留神要恰当地称呼别人。他现在为什么在意起来了？我心里酸溜溜地想。

"叫'继母'[①]怎么样？"徐志摩又问。

我尽量不带感情地说："随你高兴，只要阿欢愿意那么叫她就好。"

可是徐志摩试着要当时快十岁的阿欢叫"继母"的时候，阿欢拒绝了。他不想用任何称谓来喊陆小曼。

我本人对于陆小曼并没有敌意。她和徐志摩恋爱的时候，我已经和他离婚了；他们之间发生什么事，跟我毫不相干。事实上，她能够和她丈夫离婚，改嫁徐志摩，我为她高兴。陆小曼离婚的情形不同于我。她晚我三年离婚，那时中国的社会风气和我离婚

---

① 此处遵英文版，英文版作"Ji Mu"，台湾智库版翻译为"二娘"。——编者注

的时候已经不一样了，为自由恋爱而离异已经成为一种时髦。还有，陆小曼是在有人可以投靠的情况下离婚的，我却只能自己靠自己。

我们在上海做邻居的时候，我只和陆小曼吃过一次晚饭。那天是胡适请客，当初就是他给在意大利的徐志摩写信的。后来，他们合办了一种进步的文学刊物——《新月》月刊。胡适邀请我的时候，问我在知道陆小曼也在场的情况下是否还愿意去。

我说："当然愿意，我无所谓。"因为我已经离婚，和徐志摩没瓜葛了，和他的家庭也一样没牵连了。

我不晓得胡适为什么要同时邀请我和陆小曼去他家，但我感到不能回绝。也许他想展示一下我们各自有多进步了，也许只是有兴趣知道会发生什么后果。不论他什么意图，我知道我去的话可以表现"志气"。另外，有人说胡适本人也爱陆小曼，他自己的太太是个裹了小脚的旧式女子，而他在美国留过学，却回家乡娶了她。

吃晚饭的时候，我看到陆小曼的确长得很美：光润的皮肤，精致的容貌。她讲话的时候，所有男人都被她迷住了。饭局里，她亲昵地喊徐志摩"摩"和"摩摩"，他也亲昵地叫她"曼"和"眉"。他对她说话的态度是那么有耐心，那么尊重她。这一切我都看在眼里，让我想起他以前跟我说话的情形，总是短促而草率。

那天晚上我话很少，却不能回避自己的感觉。我晓得，我不是个有魅力的女人，不像别的女人那样。我做人严肃，因为我是苦过来的人。

有一天，我接到老太太打来的电话，她跟我说："我再也受不了啦！我一定要告诉你陆小曼的事情，我再也没办法忍受和这女人住在同一个家里了。"

"家里来了个姓翁的男人，"老太太说，"陆小曼是通过她在戏院的朋友认识他的，他现在是她的男朋友啰，而且已经住在这儿了。"

"冰箱里本来有块火腿，我叫用人热了给老爷和我当晚饭的菜。第二天陆小曼打开冰箱一看，想知道她的火腿哪儿去了，我告诉她是老爷和我吃了，她就转过头来尖声怪叫，数落我说：'你怎么做这种事？那块火腿是特意留给翁先生的。'"

老太太继续说："我真搞不懂这件事，徐志摩好像不在意翁先生在这里。他从北京教了那么多个钟头书回来，是那么累，喉咙都痛死了。我就告诉用人替他准备一些参药，因为柜子里有些上好的人参。可是用人回来说我们不能碰屋子里的人参，因为那人参是留给翁先生吃的！"

"这是谁的地盘啊？"老太太喊道，"是公婆的，是儿媳妇的，还是那个男朋友翁先生的？徐志摩一点儿都不在乎这件事，他说，只要陆小曼和翁先生是一起躺在烟榻上吸他们的鸦片，就不会出什么坏事。徐志摩讲：'他们是互相为伴。'可是昨天晚上他回家以后，爬上烟榻另一头和陆小曼躺在一起；陆小曼跟翁先生一定一整个晚上都在抽鸦片烟，因为我今天早上发现他们三人全都蜷在烟榻上：翁先生和陆小曼躺得横七竖八，徐志摩卧在陆小曼另外一边，地方小得差点儿摔到榻下面。"

"这个家已经毁了，"老太太说，"我再也不要住这里了，老爷和我想搬去和你住。"

我以前从没听老太太这么懊恼过，她也从没跟我说过她想搬来我家。我知道要是老爷和老太太直接从徐志摩家搬来和我住的话，陆小曼会没有面子，所以我告诉徐家二老，他们要先回硖石住一个星期左右，才可以来跟我住。

老太太的声音开朗起来："哦，我懂了，我们就这么办。"

徐家二老要从硖石回来的时候，就告诉徐志摩，他们要和孙儿共度一小段时间。结果一住就是好几年。徐志摩没有看穿这伎俩，要么就是他选择了不置一词。

显然，陆小曼在嫁给徐志摩几个月后就认识了她的男朋友翁瑞午。认识的场合是由徐志摩的艺术家朋友江小鹣安排的一场为期两天的京戏演出；陆小曼和京剧名票翁瑞午担任主角，徐志摩演配角。经过这次演出，他们三人成了好朋友。陆小曼演完戏就因为疲劳过度生了病，翁瑞午主动为她提供推拿服务，徐志摩没有反对。真实的情况是，翁瑞午在他们家耗了太多时间，他们三个才成了密友的。翁瑞午出身世家。他父亲是清廷的一名知府，擅长绘画，而且是个有鉴赏力的书画收藏家。翁瑞午通过继承祖产，拥有一整座山的丰产茶园。陆小曼后来通过翁瑞午的介绍，开始接触鸦片，最后吸上了瘾。

陆小曼会渐渐染上鸦片瘾，我为她感到可悲。我大概十四岁那年吧，有一次和家人到杭州度假，四妹和我各吃了几碗不卫生的虾子。那虾子是从西湖捞上来的鲜嫩活虾，上头淋了热油。结果我们却因此得了胃抽筋和发高烧的毛病。爸爸说那是伤寒，要给我们吃点鸦片镇静一下。四妹吃了一点儿，马上就安静下来。可是爸爸把鸦片拿过来给我的时候，我别过头去拒吃。

我问爸爸："要是我染上鸦片瘾的话，会有什么后果？万一我需要它的时候，你会永远在这儿照顾我，买鸦片给我吃吗？"

我父亲以为我是被病痛惹烦了，并没有回答我。

我说："所以我愿意忍受痛苦。"因为当时我已经知道鸦片是什么东西了。吸鸦片的人都是躺在烟榻上，吸的时候烟雾袅袅上升，连老鼠都会上瘾：只要烟管一点着，它们就聚集在屋梁上。四妹虽然才两岁左右，也逐渐喜欢上鸦片，爸爸不给她吃的时候，就哭上几天。她之所以没上瘾，唯一的原因是她年纪还小，而且爸爸只给了她一丁点儿。可是我比她大多了，我不想冒这个险。

我在股票市场赚了些钱以后，就在我家后面的空地上另外给老爷和老太太盖了间房子。两栋房子只隔了几百码远，他们新家的后门对着我家的后门。我觉得和我公婆分开住很重要，因为徐志摩和我已经离婚了。

不过，我们两家还是来往得很密切。有时候老爷和老太太会和我一道吃晚饭，有时候我会送阿欢去他们家陪陪他们。日积月累以后，人家都说老爷和老太太对徐志摩失望之至，所以他们不

安之如仪　　198

要徐志摩，而愈来愈疼我。可是我从不相信这点，他们怎么可能不要自己的独生子？怎么可能比爱自己的儿子还爱我？这对父母只是不了解徐志摩罢了，因为他们是老一派的人。

人生真是很奇怪。我是个离了婚的女人，和丈夫离异的原因是他认为我们两个不搭调；结果我们离婚以后，相处得反而比离婚以前要好。

徐志摩平时在北京讲授艺术和文学课程，可是要从上海过去，因为陆小曼比较喜欢住上海。他在上海的时候，我差不多天天看到他。我们离婚以后才真正密切来往。他习惯到"云裳"来看我。如果他要去旅行，就会找我定做衬衫或是长裤。有一次，我帮他做了条领带，他回来以后告诉我，他把领带搞丢了；结果我们又得再给他做一条。

1928年夏天，徐志摩去欧洲讲学旅行；老爷和老太太当时住在硖石乡下。有一天，就在徐志摩离家以后没多久，老爷坐着火车进城，特地去见陆小曼一面。他决定趁徐志摩离开这么长的一段时间，尝试善待陆小曼。

他说："你没必要这样子一个人守着一间大房子，何不把车子停在车库，只留一个用人看房子，过来和我们一起住乡下？"

老爷的目的是想省钱，也给陆小曼一次保留面子的机会。他回乡下等陆小曼露面，结果她既没回老爷消息，也没在硖石露脸。徐志摩1929年元月回国的时候，老爷和他在火车站碰头。

"我已经决定不再和你老婆讲话了，如果她不搭理我，我又何必想办法善待她？"老爷这样宣布。

事情过后，当老爷和老太太住在城里的时候，徐志摩就单独来见他父母。偶尔他会试着带陆小曼一起来，可是老爷一看到他们的车子靠近了，就从他家跑到我家。他总是从后门溜出来，穿过院子进到我家，留老太太一个人招呼他们。

等徐志摩和陆小曼离开以后，老爷又赶回自己家里，好从老太太口里得知他们夫妻相处的情形。老爷就是这样疼爱自己的儿子。

如果说徐志摩的父母想要个儿媳妇的话，我一直做得很称职。我很想知道，自己是不是可以换种方式对待他们。可是，当我善待公婆的时候，我就想：他们是我儿子的爷爷奶奶，我怎能不好好对待他们？

不过，有时候我在徐志摩和他父母之间很难做人，我不晓得自己在这个家里应该处于什么地位。老太太1930年患了严重气喘病的时候，我不知道我该做什么。当时老爷打电话到上海给徐志摩，要他一定得回硖石，然后又打电话给我说我也得去。听到老太太病重的消息，我吓了一大跳，很想马上就到她身边看她；可是我知道徐志摩和陆小曼会去，我不想和陆小曼共处一室。而且，我认为遇到像死亡这种大事，我一定要坚持我之于徐家的身份：我已经离婚了。

于是，我告诉老爷，我会把阿欢送去硖石。阿欢和徐志摩在火车站碰面，然后一起坐车到乡下。

那天下午，老爷又打电话问我为什么还没来，最后我跟他说："我离婚了，不应该插手家里的事情。"

我这么说，是因为照顾公婆是陆小曼的责任，不是我的；而且我不希望徐志摩或是她因为我插手这件事而生我的气。那天夜里，老爷又打了一次电话，他语气狂乱地说："你一定要马上来家里，家里没半个女人，我们不晓得要怎么办。"

我回老爷的话说："为什么找我？我离婚了呀。你叫徐志摩来听电话。"徐志摩在电话那头，声音失控："我啥事也不会，她病得这么重。我不懂医药方面的事情。"

我考虑了很久，最后说："你们这些人真自私，现在你们需要我了，就叫我来；要是陆小曼也来家里，那我要干吗？一个屋子里有两个女主人，成什么样子？再说，我可以留下来参加丧礼吗？那又成何体统？"

我非坚持自己的立场不可，因为这是件大事。"如果我来的话，"我说，"那陆小曼到家以后，我也不会离开屋子一步，我一定要得到留下来参加丧礼的许可。"

徐志摩用绝望和被打败的口气说："好啦，好啦，你来就是了。"

我大概是在老太太去世前的两个星期到硖石的。我到的时候，她人已经很虚弱，可是对我说她真高兴我来了。这下子，她晓得每样事情都会办得妥妥帖帖了。

我为丧礼做了一个正室应该做的所有事情。把布包塞进老太太太嘴里，然后雇人帮她穿上一层层寿衣，缝上珍珠，再把她的遗体放进棺材。做这些事的人是我。我还召来和尚，连做了几个星期的法事；找来裁缝师缝制送葬穿的白麻衣；又请来哭丧者在丧礼举行的时候站在棺材边，每次一有朋友或亲戚向亡者致敬，就放声大哭。我还教十二岁的阿欢走向棺材的时候要深深鞠三个躬，离开棺材的时候也要深深鞠三个躬。

陆小曼一直拖到丧礼举行那天早上才到硖石，而且在丧礼正式开始以前，一直把自己关在徐家本宅的卧房没出来。知道她会来，我就和叔伯堂亲们留在老宅，因为我不愿意和她待在同一个屋子里。

不过，她和我都参加了老太太的葬礼。老爷作为丧主站在棺材边，当来宾趋前向老太太遗体致敬的时候，就对着他们鞠躬。低着头穿着白麻衣的我，以徐家干女儿的身份，站在徐志摩、陆小曼和阿欢的身旁。

第十四章

尾声

1986年的春天,我远赴上海追寻幼仪的过去。我想看看她走过的街道,住过的房子,搬过的地方。若不是深受她过去那段故事的感动,我几乎不会到纽约拜访她,也就不会见识到那个每天早上起床做早操、吃维生素、以崭新面貌面对一天的八十六岁高龄老妇。而当我和她一起生活时,却只看得到她的过往,脑子里呈现的是一些支离破碎的影像,残缺不全的抽象概念,周而复始的话题,还有关于徐志摩、陆小曼、林徽因、柏林和上海的种种。

我并不了解故事全貌。幼仪把徐志摩形容得这么像个伟人,起初她以为他和她离婚是因为女朋友的关系,到最后又觉得是因为他尊重女性,不希望见到她们妥协的缘故。哪一点才是真的?难道幼仪在将愤怒的矛头指向他后,又把怒气扭转成爱意与欣赏了吗?

当我把她留在纽约，自行飞往上海之后，她对离婚的诠释更加令我困惑了。在上海，我遇见了四伯祖的一个儿子，他还记得一些老地方。我们找到一辆车和一名司机后，一早就沿着外滩壮观的三线林荫大道而行。外滩沿着上海东边的黄浦江伸展，现已因纪念孙中山之故改称中山东路，依然是上海市的主干道。我们经过了人民公园，这里曾是英国公园，里面竖了块"华人与狗不得入内"的告示牌。然后我们继续顺外滩而行，看到四伯祖曾任总裁的中国银行，隔壁的沙逊大厦（Sassoon House）是他以前午睡的地方。

如今上海所有街名都不一样了，我膝上摊开一张地图坐着，一手拿着一瓶立可白修正液，将生硬的以字母"X"和"Z"打头的汉语拼音以及新街名抹掉，在原来的地方描上外国租界的边界，写上 Lafayette、Bubbling Well、Joffre 之类的名称[①]，又在上海图书馆、人民公园和人民广场的位置，画上一度坐落于英租界和法租界转角的俱乐部和赛马场。

多亏有堂伯父带路，我们才找到幼仪经营的服装行和银行，前者现在是家复印店，后者现在是家五金行。堂伯父找路的时候，只有老路的方向和转弯之处才成问题，街名不成问题。我们随着脚踏车潮离开市中心后，便前往上海市的住宅区，那儿的房子与宽阔的街道有段距离，外缘是倾斜的弯曲围墙。堂伯父指着法国

---

① 分别为辣斐德路（今复兴中路）、静安寺路（今南京西路）和霞飞路（今淮海中路）。——编者注

租界爱多亚路上的一栋小房子,说那正是徐志摩和陆小曼住过一阵子的地方;他说他们当时是赁屋而居。我拿着地图坐下来,画上"Y"代表幼仪,又在这字母当中画上"H"代表徐志摩。

最后,我们来到幼仪从前英租界的住宅,现在有一部分是一家部队医院了。站在范园的空场上,我依然感受得到往日那种优雅气氛,柳树招拂的枝条,还有中国庭园的艺术气息。上海有种几乎让人觉得诡异的时间停滞感,这点是我始料未及的。过去的那些精魂似乎并未消失;而那天早上,他们的存在感愈来愈盛,带着我退回数十年前。当我踩着幼仪在范园里特有的足迹时,我才明白,我有必要依照她希望的方式,接纳她的故事。

我最后一次看到徐志摩,是在 1931 年他死于意外的前一天。那天他来店里跟八弟打招呼,然后问我他要裁缝师替他做的那几件衬衫的事。他刚搭飞机抵达上海,准备带人去看一个朋友打算出售的住宅。他充当中间人,如果替朋友卖掉这房子,就可以赚些佣金。

尽管当时搭飞机旅行还是件危险的事,徐志摩照旧经常飞来飞去。虽说外国公司的飞机比中国公司的要安全,可是徐志摩讲,他之所以搭中国航空公司的飞机,是因为他有一本免费乘机券。徐志摩写过一篇描述飞翔的著名散文[①],中国航空公司想利用

[①] 应指《想飞》,载 1926 年 4 月 19 日《晨报·副刊》,后收入散文集《自剖》。——编者注

他做一部分广告。

那天下午，他说他得马上赶回北京。我就问他为什么非这么赶不可，他可以第二天再回去。我还告诉他，我觉得他不应该搭中国航空公司的飞机，不管是不是免费。他像平常那样大笑着告诉我，他不会有事的。

当天晚上，我在一个朋友家里摸了几圈麻将，很晚才回家。凌晨一两点的时候，我半睡半醒间听到有个用人进来告诉我，有位中国银行来的先生在门口想拿封电报给我。

电报说，徐志摩坐的包机在飞往北京的途中，坠毁在山东济南；机上唯一的乘客徐志摩和两位飞机师当场死亡。

我穿着长袍，完全不敢相信地站在玄关。我刚刚见过的徐志摩还是活生生的。

"我们怎么办？"中国银行来的那位先生一语点醒了我，"我去过徐志摩家，可是陆小曼不收这电报。她说徐志摩的死讯不是真的，她拒绝认领他的尸体。"

我想到陆小曼关上前门，消失在鸦片烟雾里的情形。她出了什么毛病？她怎么可以拒绝为徐志摩的遗体负责？打从那时候起，我再也不相信徐志摩和陆小曼之间共有的那种爱情了。

我让那信差进到饭厅。一个用人为他端了杯茶，我在一旁整理思绪：阿欢必须以徐志摩儿子的身份认领他父亲的遗体，而且必须有人和十三岁的阿欢一起料理后事，那个人应该是陆小曼，而不是我。

于是，我打电话给八弟。我告诉他这个噩耗的时候，他开始在电话那头啜泣。

我问他："你明天能不能带阿欢去济南一趟？"

"当然可以，当然可以。"他控制自己的情绪说。

第二天早上老爷来吃早饭的时候，我告诉他有架飞机失事了。我根本不必讲谁在飞机上，因为所有我认识的人当中，只有徐志摩定期搭飞机。

老爷就问我那乘客的状况。我不敢当场告诉老爷实话，我怕他这么大的年纪会受打击，所以我就假装徐志摩还活着的样子说，他在医院，情况看起来很糟糕。

老爷说，他不愿意在这种情况下到医院看他儿子。他要我去，然后回来向他报告。

第二天早上吃早饭的时候，老爷问我："有什么消息吗？"我低头看着盘子说："他们正在想办法，可是我不晓得他们能怎么样。"

隔天老爷又打听了一次消息，我终于像头一次听到噩耗的时候那样，哭着说："没指望了，他去了。"

这时候，我看到老爷脸上有好多内容：哀痛、难过、悔恨。他把脸别过去说："好吧，那就算了吧。"

虽然说起来这事很可怕，可是徐志摩太让他伤心了，而且他对徐志摩娶陆小曼进门这件事很生气。

后来，有支搜索队被派到撞机的山边寻找尸体。徐志摩的遗体在离撞机地点不远处被发现,虽然尸首不全,而且严重烧焦,不过还是认得出来。

后来他的遗体先放在济南,中国银行在当地为他举行了公祭和丧礼;其中有阿欢和八弟参加。老爷也作了一副挽联致哀。他在挽联中,大胆将徐志摩与历史上两个著名诗人相比拟:一个是公元前3世纪的楚国诗人屈原,他因为君主不信任自己而投湘江自尽;一个是唐朝诗人李白,据说他在醉酒的时候,因为想抓住水中的月亮倒影而淹死。

考史诗所载,沉湘捉月,文人横死,各有伤心,
尔本超然,岂期邂逅罡风,亦遭惨劫?
自襁褓以来,求学从师,夫妇保持,最怜独子,
母今逝矣,忍偿凄凉老父,重赋招魂?

我也想在丧礼中说些话,可是不知道要怎么起头表达我的哀伤。二哥的朋友就以我的名义,作了一首挽联,其中提到济南地区的候鸟大鹏,这种鸟的背非常宽大,每年都会迁徙到天池。

万里快鹏飞,独憾翳云遂失路;
一朝惊鹤化,我怜弱息去招魂。

徐志摩死后的公祭仪式举行完半年,中国银行终于安排用一

节火车车厢把他的遗体从济南运到上海,再运到硖石安葬。当时运送工作困难,因为国民党和日本人正在那个地区打仗。八弟带着阿欢去上海迎接已封盖的棺材。

虽然我连去参加上海公祭的打算都没有,不过还是准备了一件黑色旗袍,以备不时之需。公祭那天下午,家里电话铃响了。

"你一定要来一趟。"一个朋友说。

我问为什么。

"你来就是了。"他说。于是我去了公祭礼堂一趟。徐志摩的灵柩已经打开,安置在花朵中,他的脸被黑丝袍衬得十分惨白浮肿,一点儿也不像他。我深深鞠了三个躬,向他致敬。他才三十五岁,这么年轻,又这么有才气。

我从灵柩旁走开以后,打电话给我的那个朋友出现在我身边。他强调说:"你一定要帮忙,陆小曼想把徐志摩的寿衣换成西装,她也不喜欢那棺材,想改成西式的。"

八弟在中国银行的协助下,帮徐志摩用传统的寿板订制了一口棺材。这种棺材有一面是圆的,形状很像树干,而不是长方形的盒子。

把徐志摩的遗体从一个地方挪到另一个地方这种想法,教我觉得恶心;把他的寿衣换掉也是。他的身体怎么可能再承受更多折磨?

我说:"就算他是因为自然原因死亡,现在也一切难改了,何况他是在这种意外状况下死的……"

我不想见陆小曼,也不想跟她说话,更不想跟她吵架,就下了个结语说:"你只要告诉陆小曼,我说不行就好了。"

说完我就离开了,以防万一陆小曼出现。后来我听说他们还是让徐志摩穿着中国寿衣躺在中国棺材里。我搞不懂陆小曼,难道徐志摩洋化到需要在死的时候穿西服吗?我可不这么想。

不管他的思想有多西化或多进步,我都认为他是中国人,他所追求的西式爱情最后并没有救他一命。去年我才读到他死前写给陆小曼的信。徐志摩从没跟她一起过过家庭生活。她拒绝搬到北京,因为住上海鸦片比较容易到手。徐志摩为了供养她,老是在北京和上海之间飞来飞去。读到他最后的生活情形,我非常难过。

你晓得徐志摩为什么在他死前的那天晚上搭飞机走吗?他要赶回北京,参加一场由林徽因主讲的建筑艺术演讲会。他当年就是为了这个女朋友跟我离婚的,到头来又是为了林徽因——从住沙士顿的时候起,经过他们与泰戈尔同游,甚至在她嫁给梁思成以后,都是这样。她、徐志摩,还有她丈夫,是知心朋友。徐志摩的飞机在山东撞毁的时候,梁思成正巧到山东,所以梁思成和他朋友是搜索队里的第一批人员。

我 1947 年的时候见过林徽因一次。当时我到北京参加一场婚礼,有个朋友过来跟我说,林徽因住在医院,不久以前才因为肺结核动了一次大手术,可能不久于人世;连她丈夫都从他任教的耶鲁大学被召回。我心里虽然嘀咕着林徽因干吗要见我,可还是跟着阿欢和孙子去了。见面的时候，她虚弱得什么话也说不出来，只是望着我们，头转到这边，又转到那边。她也仔细地瞧了瞧我，我不晓得她想看什么。也许是我人长得丑又不会笑。

后来林徽因一直到1954年才死于肺结核。[①] 我想她当初之所以想见我，是因为她爱徐志摩，想看看他的孩子。尽管她嫁给了梁思成，她还是爱着徐志摩。但如果她爱徐志摩的话，为什么她在他离婚以后，还任由他晃来晃去？那是爱吗？

人家说徐志摩的第二任太太陆小曼爱徐志摩，可是看了她在他死后的作为（拒绝认领他的遗体），我不认为那叫爱。一个人怎么可以拒绝照顾另一半？爱意味着善尽责任，履行义务。

而且，他们两人没有一起过过家庭生活。陆小曼的鸦片瘾把徐志摩弄得一穷二白，老是得向朋友告贷。他也会跟我借钱。可是如果我从自己的腰包掏钱给他，我就会说："这是你爹的钱。"

徐志摩本人并没有恶习。他不喝酒，也不吸鸦片，甚至一直到死前一年左右才开始抽香烟。他有一种极好的个性，在任何社交场合都受人喜爱。

我这辈子都在担心有没有尽到我的责任。就连离婚以后我都还在照顾徐志摩的父母，因为我认为这么做是我的责任。我为徐志摩、他家人，还有儿子，做了我认为应该做的事。

徐志摩还在世的时候，老爷每个月帮他忙，供他三百元生活费。徐志摩死后，老爷还是每个月给陆小曼三百元，因为他觉得

---

① 原文如此。林徽因实于1955年去世。——编者注

照顾她是他的责任。他把那三百元直接存到她银行户头里,这样他就不必看到她了。老爷在徐志摩身故后又活了十三年,那些年他都跟我住,而且每个月帮陆小曼的忙,甚至在她公然与情人翁先生同居以后也一样。翁先生和陆小曼无名无分地同居了很长一段时间,直到他于 1961 年去世为止。他比陆小曼早死六年。[①]而这期间,翁瑞午是已婚身份。我真为他太太和女儿难过。

1944 年老爷辞世以后,我继续每个月放三百元到陆小曼户头里,因为我认为供养她是我儿子的责任。过了四五年以后,翁先生跑来见我,告诉我他卖了好几吨茶叶,现在的财产足以供养陆小曼和他自己了。从此我才不再寄钱。

现在,我的故事接近尾声了。就某一方面来讲,你就是我的故事结局,因为你是头一个听我诉说毕生故事的人。可是你有兴趣听,而且想知道我的身世,所以我真心觉得我一定要把我的故事和盘托出。你老是问我有没有时间再跟你谈,现在我所拥有的就是时间,我有的是时间坐下来回想过去。

有时候,我觉得我已经为我家人和徐志摩家人做尽了一切,因为我一向关心什么是对的,什么是错的。尽管我离了婚,我和徐家,甚至和徐志摩的关系,始终还是很近。打从开始,我的相命婆一直就喜欢徐家。

你曾问我,既然我有能力经营一家银行和一间服装行,怎么还对徐家二老和徐志摩这么百依百顺。我想我对徐家二老有一份

[①] 原文如此。陆小曼实于 1965 年去世。——编者注

责任在，因为他们是我儿子的爷爷奶奶，所以他们也是我的长辈。我就是伴着这些传统价值观念长大的，不管我变得多么西化，都没办法丢弃这些观念。

所以，我要为离婚感谢徐志摩。若不是离婚，我可能永远都没办法找到我自己，也没办法成长。他使我得到解脱，变成另外一个人。

前几个星期我在一份台湾的报纸上读到一篇文章，里面提到一个讨了十八个老婆的男人。他说有这么多老婆好得很，有什么好烦心的？他也举了些充分的理由。他说，他所有老婆都有薪水，吃得饱，又独立自主，每个人哪有什么问题？他解释得很清楚，说这些理由符合任何宗教，为什么一定要制定反对多配偶制的法律？

他家每个老婆都很快乐，没有一个发牢骚，只有第十九个老婆例外。他准备讨第十九个老婆的时候，女方的妈妈很气，就把这件事情在报上披露。你晓得，我觉得这种事情非常有意思，真的可以让人省思什么是对、什么是错。

徐志摩死后，我在上海住了将近二十年。那段时间，中国抗击日本的军事行动一直持续到1945年，后来又是到1949年才结束的国民党与共产党的内战。

我在这段漫长的战乱时期运气很好：生活没受干扰，又赚了许多钱。我买了两箩[1]染军服需要用的染料，等到价钱涨到一百

---

[1] 计量单位。1箩相当于12打或144个。——编者注

倍,而且再也没法从德国进货的时候才卖掉。有了这笔资金,我又开始投资棉花和黄金。服装行所有的人当中,只有我赚了钱,别人都没赚到。

有一年,有个人称宋太太的女士对我做的每笔生意如法炮制。她每天早上都来我家,我打电话给我的买卖中间人,她也跟着打电话给她的买卖中间人。她现在住在香港,总是来信告诉我,她最高兴的日子,就是和我在一起的那一年。

那些年间我最坏的遭遇,发生在1937年夏天日本人入侵上海的时候。当时女子银行差点儿倒闭。那是一段可怕的日子,街上尽是逃出城的人潮。好多顾客跑来银行,我的现金准备短缺,不得不请求大一点儿的银行接受我们银行那栋建筑的所有权状,作为现金预支的抵押品。接着就有个顾客跑进服装行找我,要提光我才想尽办法为银行保住的四千元。

我就走到后面找经理说:"如果这个人把四千元都提光的话,明天银行就开不成了。我们的银行会关门大吉。所以我想提议为他担保这笔钱。你能不能替我作保?我们放在保险押金箱里的钱够不够?"

经理向我保证,如果银行关闭的话,他会先把我那四千元留起来。我就叫他把这句话写下来,然后走到那顾客面前,问他愿不愿意考虑接受担保。

虽然我们是女子银行,可是这位顾客是位男士。他说:"如果是你张幼仪告诉我,你担保这笔钱,那我相信你。我不相信别人的话,可是你讲的话我信。"

于是,我们写了张契约,说明我在六个月内连同利息把这笔钱给他。我以这个方法解救了银行。接下来那半年,我一直亲自带着那张保证书。万一我有什么三长两短,我希望发现我的人知道,我对这位顾客有责任。

我儿子阿欢1939年的时候满二十一岁。自从我由德国返国以后,我一直监督他的学业,而且看到他跟他父亲和舅舅们一样中学与西学兼备。我不希望他在完成学业以前结婚。他满二十一岁的时候,我问他有兴趣娶谁做太太。我想帮他找个合适人选,免得像我一样,过着完全暗无天日的婚姻生活。

他跟我说:"我只对漂亮姑娘感兴趣。"

他为什么这么回答,我不明白。他说这话的时候,我想起了他父亲。我一直觉得他父亲要的,是个比我更女性化、更有魅力的女人。

不过,我从麻将朋友那儿听说了一个年龄与他相仿的漂亮小姐,就请她和她母亲吃晚饭。阿欢看看她,和她说了几句话,就喜欢上她了。那年,他们完成了终身大事,婚礼上有一千位来宾到场祝贺。

后来他们的日子一帆风顺。小两口1947年移民后,一直住在美国。我有了四个孙子,甚至还有个曾孙。起先我很担心我儿媳妇,那个时候我们住在一起。我不希望她在婚姻方面遇到和我一样的麻烦,所以供她同时上英、法、德、中等国的文学课程。

这么一来，她不只能够满足阿欢的审美眼光，也可以满足他的知识品味。

我是1949年4月离开上海的，刚好是在共产党进入上海前一个月。每天，我都会注意登在报纸头版的共产党节节推进形势图。我们离开的时候，中国内地的法律和秩序荡然无存，人人能做的就是逃跑。我极其幸运地在飞机上得到一个位子。在飞往香港的班机上，我们还得当心轰炸机。

除了大哥、七弟、大姐和三妹以外，张家所有兄弟姐妹都离开了中国大陆。我们选择不跟国民党领导人到台湾，而尝试在西方为自己找到安身之地；最后大半手足都落脚美国。可是在这以前，我们散布世界各地：四哥先去澳大利亚；二哥先到香港，再到印度；八弟先往日本，再赴巴西。这三个兄弟最后都选择加州作为他们的家。四妹和我在香港住过一阵以后，先后来到纽约。她1956年来，我1974年来。

我1953年嫁给一位苏医生①。他住在我香港家里的楼下，有四个十来岁的小孩。我是通过朋友的关系认识他的，他向我求婚的时候，我心里想：要是这婚姻行不通的话，对我们两人来说都是件很糟糕的事。他也离过婚，我想他太太已经改嫁了。

于是我写信给我哥哥，因为我什么事都征求他们的意见。我也征询了我儿子的看法，因为我是个寡妇，理应听我儿子的话。

四哥从澳洲写信来说："让我考虑考虑。"

---

① 译者注记其名曰"苏记之"，另有称其名为"苏季子"者。——编者注

二哥也决定不了我该不该再嫁，我今天会接到说"好"的电报，明天又会接到说"不好"的电报。我哥哥太爱我了，他们不希望看到我再受伤害。而且，中国人有种想法，认为一个孀居的女人不应该再婚，因为这会让娘家失面子。可是徐志摩早在他遇难前就和我离婚了，所以我觉得假如我再婚的话，并不会让家人蒙羞。

一直告诉我要重视自己内在感受的二哥，后来来信说：

兄不才，三十年来，对妹孀居守节，课子青灯，未克稍竭绵薄。今老矣，……此名教事，兄安敢妄赞一词？妹慧人，希自决。

我儿子阿欢也回信说：

母孀居守节，逾三十年，生我抚我，鞠我育我，劬劳之恩，昊天罔极。今幸粗有树立，且能自赡。诸孙长成，全出母训。……综母生平，殊少欢愉。母职已尽，母心宜慰，谁慰母氏？谁伴母氏？母如得人，儿请父事。

我儿子迁居美国以后，从事的是土木工程师的行业。可是他写那封信给我以后，每个读信的人都说，从那封信看得出来他是徐志摩的儿子。

虽然四哥始终没给我答复，可是我儿子同意了，二哥也不反对，我就嫁给了苏医生。那我爱不爱他呢？这我没办法讲。我嫁他的时候，心里这么想：我能不能为这个人做什么？我有没有能力帮助他成功？

我们刚结婚的时候，每天晚上一吃完晚饭，他儿子和三个女儿就会赶快离开饭桌。我一直好奇是怎么回事。后来他们告诉我，他们的父亲在几杯啤酒或是葡萄酒下肚以后，老是和他们争吵，所以他们想赶在他发脾气以前，离开饭桌。

我把这件事告诉苏医生的时候，他大吃一惊。他自己并不晓得这回事。我就跟他说："你别再喝酒了行不行？这样孩子们就会留在饭桌旁边了。"

从那天起，他就把酒戒了，从此滴酒不沾。他这点我非常欣赏，有那样的习惯以后，说戒就戒。此后，孩子们都留在饭桌旁了。

和苏医生在一起，我可以同他聊天，商量事情，还可以帮他忙。他刚搬到香港的时候，必须考取开业执照，我就在他研读那些厚厚的医学书籍的时候，陪他熬通宵。后来他开了两家诊所，早上看诊的那家在港口对面的九龙，另外一家在香港。我负责替他登记所有看诊和预约的时间。如果有人打急诊电话来，我就搭车去天星码头和他碰面，再告诉他去哪儿赴诊。

1967年的时候，我甚至和苏医生一起回到康桥、柏林所有我住过的地方。他大半生都在日本度过，从不曾到西方旅行，我就带他去看看。他和我坐在康河河畔，欣赏这条绕着康桥大学而行的河流。这时我才发觉康桥有多美，以前我从不知道这点。我们还从康桥坐公共汽车到沙士顿。我只是站在我住过的那间小屋外面凝视，没办法相信我住在那儿的时候是那么年轻。

我们到柏林以后，看到整座城市都不一样了，很多地区在第二次世界大战期间被炸毁，我连要走去布兰登堡大门或者菩提树下大街都没办法，因为那儿正好在柏林墙后面。不过，我还是想办法站在一两栋建筑外头看到了我以前和彼得、朵拉住过的家。

走访过这些地方以后，我决定要让我的孙儿们知道徐志摩。这很重要。所以，我请一位学者，也是徐志摩在《新月》月刊的同事梁实秋先生，把徐志摩全部的著作编成一套文集。我提供了一些我的信件，由阿欢带去台湾见梁实秋。我希望留一些纪念徐志摩的东西给我儿子和孙子。

苏医生在1972年过世。他和我在德国生的儿子彼得一样，肠子出了问题。他得的是肠癌。6月中旬有一天，我在码头和他碰面，看到他的汗水从毛呢夹克渗了出来。后来医生跟我说："你还有半年时间，得准备准备了。"

他去世以后，我们把他葬在香港。

苏医生死后，我就来美国依亲，离儿孙近些。现在，我每天早上七点半起床，做四十五分钟体操；然后坐下来吃早饭，喝一碗麦片粥，或是吃颗煮了两分半钟的蛋。为了保持健康，我一直服用维生素和一汤匙加在橘子汁里的啤酒酵母。我喜欢看报，探望我的家人，甚至还上了一些我所住的公寓提供的课程。我可以学习德文、有氧体操，或是钩针编织，这些都是给老人家上的。我现在每个星期还打麻将，准许自己一年有二百美元的输赢。

你总是问我爱不爱徐志摩。你晓得，我没办法回答这问题。我对这问题很迷惑，因为每个人总是告诉我，我为徐志摩做了这么多事，我一定是爱他的。可是，我没办法说什么叫爱，我这辈子从没跟什么人说过"我爱你"。如果照顾徐志摩和他的家人可称为"爱"的话，那我大概爱他吧。在他一生当中遇到的几个女人里面，说不定我最爱他。

后　记

我在幼仪去世前一夜还看到她,那是1989年1月20日[①]。虽然她还待在家里,可是大半时间都躺在床上受支气管炎的折磨。孙女安琪拉不眠不休地照顾她。由于安琪拉生日将至,我便事先做好陪伴幼仪的安排,好让她和先生、儿子一块儿出去吃顿晚饭。

在这前一年,我曾经梦到幼仪死去。那是一场噩梦。梦中的她缩在床边,为了吸取空气,弄得喉咙哽塞、喘息不止。而看到她此时虚弱与萎缩的形貌,我却惊得目瞪口呆。我还记得我们聊天的时候,她眼中曾经透出犀利的目光,此时却淌满泪水。当她不断以面纸轻按双眼之时,我分不清她是在哭,还是在忍受病痛。她又经常咳个不停,每回气管一抽搐,就涌出大量黏痰。

我们坐在进行访谈时常坐的那张柚木桌旁,我的身形显得比

[①] 此处为公历纪年,书中其他处(1988年)为阴历纪年,不再统一。——编者注

她大得多。她胃口很小，只吃下半碗饭。吞服药丸她也费尽九牛二虎之力。我不得不把药丸放在她舌头上，并握着一杯水贴在她唇边。进食的时候，她被一粒米哽到喉咙。那情景是那么的可怕，那么的真实，就像从我梦中跳出来一般。那阵痉挛耗去她那么多体力，我生怕她会当场死在桌旁。

那顿饭剩余的时间，好像在伤感地提醒我们共度的时光。我洗碗的时候，她无精打采地坐在一旁。然后，我引领她扶着助行支架走到浴室，最后是床边。她已经没办法轻而易举地更换衣服了，于是我慢慢帮她套上睡衣，她也小心翼翼地努力抬起胳臂和双腿配合。她坐在床上让我为她扣好上衣扣子的时候，我感觉得到她已筋疲力尽，完全顺从。

当我谨慎移动她的身体，好将被盖拉开，协助她躺进被窝的时候，她拉着我的手，以沙哑却是当晚最有力的声音对我说："你晓得，我真高兴你在这儿。"

我对她点点头，亲了她一下，向她道晚安。然后我让自己舒服地躺在她那单房公寓另一边的沙发上，听到她最后一次滑入梦乡，发出深沉、吃力的呼吸声。

几天以后，幼仪的丧礼在九十一街（Ninety-first Street）和公园路（Park Avenue）交叉口的红砖教堂（Brick Church）举行。出席的人数之多（大约二百人）令我吃惊。我看到她的家人，还有来自公寓大厦的熟面孔——和她一起用餐、练习德文的邻居。素来与幼仪亲近的安琪拉指出其他一些人，包括幼仪的麻将朋友以及聚会教友。丧礼的气氛庄严却有朝气，仿佛每位出席者都知道幼仪走过的是长寿又成功的一生。

安琪拉的丈夫先站起来说话，表达他钦佩幼仪的活力与能干。我看到有些面孔因为共识而精神一振，因为她是一个人人熟悉，而且又开放、果决的女性，也是一位社区教师。安琪拉要我也讲几句话。当我凑近麦克风的时候，我听到自己的声音在礼堂内回荡。我提到这些年来我和幼仪共处的情形；我怎么样在大学读中国史的时候，首次在一个附注中看到她的名字。我在学生时代就开始拜访幼仪，请她告诉我她的故事。

我站在众位来宾面前，与他们分享幼仪鲜为人知的往事：她怎么样一度嫁给徐志摩，忍受离婚之苦，然后变成一位兼具传统与现代价值观的坚强女性。从来宾的反应，我看得出来很少人知道幼仪与徐志摩的关系，以及她为了自力更生、寻求自我所做的奋斗。看着我周遭的人，我明白幼仪的故事已经带给每个人一些不一样的感受。这时我才发觉，她送给了我一份厚礼。

我跪在爸妈家的桃花心木箱前，紧握着幼仪每天穿的黑旗袍，仿佛那衣衫可以召唤我姑婆似的。嵌织着莲花纹样的平滑织物，看起来仿如星光点点的黑色池塘。幼仪说她之所以喜欢这种质料，是因为它耐穿又看不出皱褶。她还把那种窄窄的传统旗袍改成适合自己的裙装，改法是去掉一些褶裥，而双开衩，让身体有较多活动空间。注视着幼仪这件定做旗袍上独特的剪裁线条，我怀着激赏的心情，忆起她讲求实际和独立自主的个性。

我来到箱前，为的是把两件衣服和幼仪的旗袍并置箱中。那是我的两身结婚礼服。第一件是我在婚礼宣誓的时候穿的，也是我美国式童年里梦寐以求的白纱花边礼服；第二件是一袭鲜红的及地修身丝质旗袍（中国人以红色代表喜事）。我这件苗条合身、领子坚挺的旗袍，是照着幼仪和妈穿的旗袍式样缝制的。虽然我打破了传统，在我父母的祝福下嫁给了外国人，可是当我换上这件旗袍参加喜宴的时侯，心里有股悸动和骄傲，觉得自己霎时成为孝顺的女儿和自立的妹妹。

徘徊在箱前，我想象了一会儿幼仪在我身边的情景，然后仔细地将我的白纱礼服、红色旗袍，还有幼仪的黑色旗袍叠在一块儿。我抚平它们之间的棉纸夹层，再把几件衣裳放在一起，静静地关上了家中那口满载回忆的箱子。

附　录

纪事表[1]

年份	历史事件	张幼仪	徐志摩及其他人
1896	威廉·麦金利（William Mckinley）当选美国第二十五任总统		
1897			徐志摩出生于浙江省海宁县[2]硖石镇
1900	中国义和团运动方兴未艾	出生于江苏省宝山县[3]	
1903			陆小曼出生
1904			林徽因出生

---

[1] 本书的《附录：纪事表》以台湾智库版为底据，参照英文版及其他资料进行必要修正。——编者注
[2] 今海宁市。——编者注
[3] 今上海宝山区。——编者注

(续表)

年份	历史事件	张幼仪	徐志摩及其他人
1905	孙中山等人成立中国同盟会		张幼仪的二哥张嘉森及四哥张嘉璈赴日本留学
1907		"轿子事件"后，与家人迁居南翔	
1910			徐志摩入读杭州府中学堂，1915年毕业
1911	辛亥革命；中华民国建立；孙中山被推举为临时大总统		
1912	袁世凯当选中华民国总统；宋教仁改组国民党	入读江苏省立第二女子师范学校，1915年肄业	
1913			张嘉森赴德国留学，1915年回国
1914	第一次世界大战爆发		
1915		与徐志摩结婚；搬到硖石镇婆家	
1916	全国进入军阀割据时期		徐志摩入读天津北洋大学，翌年转入北京大学
1917	俄国十月革命；胡适提议将文言文改革为白话文；中国政府向德国宣战		
1918	第一次世界大战结束	生下长子徐积锴	徐志摩前往美国克拉克大学就读；张嘉森随梁启超访欧，二度留学德国
1919	北京展开"五四"运动；美国总统威尔逊主持在巴黎召开的第一次国际联盟会议	开始随家庭教师学习	徐志摩自克拉克大学毕业，进入哥伦比亚大学，旋离开纽约转赴伦敦

(续表)

年份	历史事件	张幼仪	徐志摩及其他人
1920	美国妇女赢得选举权	冬，前往欧洲与丈夫团聚	徐志摩就读伦敦政治经济学院；与林徽因坠入情网
1921	中国共产党成立	搬到沙士顿；被徐志摩遗弃后，怀着三个月身孕前往巴黎，于法国乡间度过妊娠期	徐志摩入读剑桥大学；要求离婚，在沙士顿抛弃幼仪；回到剑桥改习诗文
1922	墨索里尼在意大利成立法西斯政府	在柏林产下次子彼得，同意离婚，独力抚育儿子；在裴斯塔洛齐学院接受幼儿教师训练；与朵拉·伯格同住	徐志摩在柏林与张幼仪离婚，10月回国；张嘉森离开德国回国
1924			夏，徐志摩邂逅陆小曼；泰戈尔访华期间，与林徽因共同担任翻译
1925	孙中山逝世	彼得三岁，夭折；随徐志摩游意大利；移居汉堡	徐志摩赴欧，考验自己对陆小曼的爱情；偕幼仪游意大利；束装返国
1926	北伐战争开始	束装返国；同意徐志摩与陆小曼结婚	徐志摩与陆小曼结婚；主编《晨报·副刊》
1927	国民党军队在上海等地袭击共产党，背弃了得之不易的国共合作	双亲辞世；搬到上海市海格路居住；在东吴大学教德文	徐志摩靠四处授课维持家计，与人开办新月书店
1928	蒋介石担任国民政府主席，南京国民政府形式上统一全国；毛泽东在中国东南地区领导游击战争；胡佛当选美国总统	担任上海女子商业储蓄银行副总裁及云裳服装公司总经理	徐志摩创办文学月刊《新月》，取道美国游历欧洲；林徽因与梁思成结婚
1929	美国股市大崩盘		徐志摩回国
1931	"九一八"事变		徐志摩坠机身亡

（续表）

年份	历史事件	张幼仪	徐志摩及其他人
1932	日本全面占领东北，扶植清废帝溥仪建立傀儡政权伪满洲国		
1937	日本占领上海；国共两党联合抗日		
1941	第二次世界大战爆发		
1945	第二次世界大战结束；次年，国共合作破裂		
1949	中华人民共和国成立；蒋介石败退到中国台湾	移居香港	张家大部分成员离开中国大陆
1953		嫁给苏医生	
1965			张邦梅出生于美国马萨诸塞州波士顿
1974		苏医生于1972年去世；搬到美国与儿子及家人团聚	
1988		以八十八岁高龄逝世于纽约	

简体中文版编后记

一

《安之如仪》英文版书名 Bound Feet & Western Dress: A Memoir，于 1996 年在美国首次出版。作者系张幼仪女士的侄孙女、美籍华人张邦梅（Pang-Mei Natasha Chang）女士。

《安之如仪》是一部身处两个不同时代的女性的口述传记。书中主要内容为张幼仪女士的生平经历，尤其是与徐志摩的"中国第一桩西式离婚案"的始末。尤为惊艳的是，对应张幼仪口述的生平经历，本书作者张邦梅也将自己——一个出生在中国传统家庭、接受纯正西式美国教育的女孩——的经历和所思所想娓娓道来，包括对家庭、亲情、爱情、梦想的感悟与坚持，全书宛若祖孙两代的隔空对话，将两代中国女性所经历的变革和选择淋漓尽致地展现出来，可谓一部令人动容的"二重回忆录"。此外，此书还收录了二十张珍贵的照片，以便读者领略那时那人的独特风采。

此简体中文版以中国台湾智库股份有限公司1996年11月初版、2015年6月再版版本（以下简称智库版）的译文为蓝本，同时参照英文版进行了必要的编辑加工。主要工作包括以下几个方面：

一、为了更好的阅读体验，根据大陆读者的用语习惯对智库版的译文进行了处理。如：张邦梅的外国朋友说她的父母："他们讲话没腔调耶！"改为："他们讲话没有口音啊！"；张邦梅描述爸爸把别人的冷嘲热讽看作"鸭子背上滚下的水"改为"水过鸭背"。

二、对智库版中存在的翻译错误进行了订正。如："Psalms"应为《诗篇》，智库版翻译为《赞美诗》，简体中文版为正确译法；"the Bund"应指上海外滩，智库版翻译为"邦德路"，简体中文版为正确译法。

三、增补了智库版中漏译的内容。如："morning meeting（with four Chinese roommates）at seven"智库版没有翻译括注内容，简体中文版补译为"（同居五人一体遵守）"。

四、删去智库版添加的内容。智库版第90页描述了徐志摩和梁启超第一次见面后的书信往来的一些细节，英文版并没有此部分内容，故做删除处理。

五、删去了智库版中的序——《追忆的二重奏》和《揭开家族史的面纱》。

六、智库版对英文版的层次结构进行了重新划分,并添加若干小标题。简体字版恢复了英文版的层次结构,并删去了智库版添加的小标题。

七、智库版原有译者注若干,简体中文版择其必要者保留,另增添"编者注"若干。注释参考资料未予注明者,在此一并致谢。

除以上情况外,对英文版和智库版中涉及的重要历史人物和重大历史事件的措辞,简体字版只做极个别技术处理,在此不另做说明。

二

近年来,关于徐志摩、林徽因、陆小曼的书市面上很多,读者对他们的了解也相对较多,徐林的爱情佳话,徐陆对旧传统的挑战更是被传为美谈。然而,这位徐志摩的原配夫人——张幼仪却往往被大家忽视,就算被提到,也往往作为诗人弃妇、固守传统的旧式女子的形象出现。那么,真实的张幼仪是什么样子?通过本书,我们可以看到,除了对传统观念的固守,她还是家里第一个没有裹小脚的女孩,一个在传统框架下奋力向学的青年,一个在怀孕三个月被丈夫遗弃在英国沙士顿小镇时选择在海外独力抚养儿子的坚强女性；除了严肃的外表和性格，她还有对爱人、亲人的一腔热情；除了"诗人弃妇"的头衔，她还是上海女子商业储蓄银行的副总裁，她在大学教过书，还拥有自己的成衣品牌和独特的审美力……也许这才是一个完整的张幼仪，一个常人眼中不曾看到的闪光女性。

本书繁体字版推出之时，"曾经有人对本书对徐志摩的形象可能造成的伤害提出质疑，张邦梅表示，她只是记述了张幼仪的故事和感受，让她也有讲话的机会"[1]。这本书做到了。

编者
2017 年 1 月

---

[1] 徐敏于.《揭开家族史的面纱》，台湾智库版第 VII 页，原载于中国台湾《联合报》，1996 年 10 月 12 日。——编者注